岡部美香・谷村千絵 編
Okabe Mika & Tanimura Chie

Morality
道徳教育を考える
多様な声に応答するために

法律文化社

はしがき

　今日、子どもも大人も含めて、人々のモラルの低下を指摘する声は大きい。そして、学校の道徳教育によせられる期待は、いっそう大きくなっている。

　本書は、今日の学校で行われている道徳教育について、あらためて考えようという趣旨で編集されたものだ。大きな特徴は、道徳の学習指導要領の内容を教育哲学的に読み解くことにある。「教育哲学的に」読むといわれると難解なイメージがあるかもしれないが、そうとも限らない。本書の第3章から第8章に示されている通り、具体的で当たり前のことについて述べられているものが多い。ただ、その内容は、単に学習指導要領を文字通り読むだけでは見えてこない、ことがらの深さや広さに光をあてるものになっている。

　同じことを、次のようにいい換えることもできる。

　本書巻末に掲載されている道徳の学習指導要領を、まずご覧いただきたい。「相手のことを思いやり、進んで親切にする」とか、「生命がかけがえのないものであることを知り、自他の生命を尊重する」など、ここには当たり前のこと、私たちがよりよく生きていくための、素朴で大切なことが書いてある。読みやすく、平易な内容といってもよいだろう。内容が難しくて意味がわからないという人は、ほとんどいないのではないだろうか。

　しかし、このわかりやすくて当たり前のことを子どもたちに教えることが、──そして、なかには大人であってもそれらを日々、実践することが──とても難しい。だからこそ、この「当たり前」の中身を、あらためて吟味して確認することからはじめよう、というのが本書の趣旨である。

　子どもに道徳を教えるとき、理由を説明して納得させることができることばかりではない。適切な言葉が見つからないと、私たちはしばしば説明を省いて、「それが当たり前なのだから、ちゃんとしなさい」ということになる。そうとしかいいようのない状況は、たしかにある。また、立派な道徳観念や倫理的な思想は、実践すると、とりたてて目立つことのない、ありふれたことに見えるものだ。だが、そのありふれた日常の細部にこそ、道徳や倫理を支える礎

があるともいえる。

　このように、言葉による説明に限界を感じるような状況に際して、あるいは、ありふれた日常を表すのに際して、「当たり前」という言葉は便利である。だが、「当たり前」という言葉を便利に使うだけではなく、それがさし示すことがらに丁寧に思考をめぐらせることは、「当たり前」を本当に大切にすることにつながるのではないだろうか。

　そして、今日のように人々の生き方の多様化や多文化化が進む複雑な社会においては、各人の考える「当たり前」が異なることが当然あり、そして、それゆえ人間関係に諸々の軋轢や葛藤が引き起こされる場合もあるだろう。そうしたなかで、各々の「当たり前」に丁寧に思考をめぐらせることは、他者の声を聴くこと、そして自らの思考の枠組みを問い直すことにつながると考えられる。自他を含めた多様な声を大切にし、それらに丁寧に応答すること。これは、今日のような複雑な社会を生きていく私たち大人にとって、そして子どもたちにとって、きわめて重要な思考のレッスンであるといってよい。

　本書の第Ⅱ部（第3章から第7章まで）は、学習指導要領の内容に即して、当たり前の中身をつぶさに見ていく内容となっている。学習指導要領やその解説には書かれていないことにも触れ、過去と現在の考え方の違いを比べてみたり、より掘り下げて考えてみたりして、当たり前の中身を丁寧に考察している。

　第Ⅲ部（第8章）は、さまざまな学校における道徳教育の実際に触れている。これらは、現職の学校教員の方々のご協力により、道徳教育に際して子どもたちに向き合うときの考えやときには迷いなど、日常感覚を伝えるものとなっている。現場の空気や学校教員として働くことの質感を伝える貴重な読みものともいえるだろう。また、制度やその背景にある思想が日本の学校教育とは大きく異なるシュタイナー学校での道徳教育についても紹介されている。

　このように第Ⅱ部、第Ⅲ部の内容は、現在の道徳教育について書かれたものであるが、これらをさらに大きな視野のなかでも理解するために、本書では、第Ⅰ部（第1章と第2章）で道徳教育にかかわる歴史を概観している。

　第1章では、日本の学校教育における道徳教育の変遷を取り上げている。学校における道徳教育にいま現在、携わっている人、これから携わろうとする

人、直接携わっていなくてもそのあり方を考えたいという人は、この章を読んでいただきたい。なぜなら、現在の学校における道徳教育を促進するにも批判的に継承するにも、それが形作られてきた経緯と過程を十分に踏まえておく必要があるからだ。第2章では、西洋の倫理と道徳の思想史を取り上げている。西洋の倫理と道徳の思想史を理解するには、古典哲学から現代哲学にいたる知識が素養として必要となる。日本の道徳教育を考えるのに、難解な西洋の思想史を学ぶのはなぜかと問う人もあるだろう。しかし、第Ⅱ部の教育哲学的解題のところにも散見されるように、今日の私たちが当たり前と考えていることの多くは、そのルーツを西洋の思想のなかにもつものでもあるのだ。道徳の問題は、学校教育の場で自己完結するものではなく、思想や時代の流れという太くて力強い水脈をもつ。第Ⅰ部（第1章と第2章）は、その水脈へと私たちをアクセスさせてくれる内容となっている。

　本書は、必ずしも第1章から読まなければならないという類の本ではない。それぞれの章は独立したものとしても読めるようになっている。興味のあるテーマから読み進め、あちこちと読んで意外なところで話がつながっていることに気づくのも、面白いと思う。

　「当たり前」のことを言葉にすること、またそれを自ら実践し、そして、育てていくことの難しさと大切さ。道徳教育に関心のある人々には、そうしたことをすでに実感している人も多いだろう。本書がその確認と出発、そして再確認と再出発の一契機になるなら、これほど嬉しいことはない。

　最後に、本書の出版に際してお世話になった法律文化社の小西英央氏には、草稿にすべて目を通していただき、貴重なコメントをたくさんいただいた。ここに心よりお礼を申し上げたい。また本書は、教育哲学研究の領域に属する執筆者によって書かれている。忙しいなか、テキストの作成に向けて協力してくれた執筆者のみなさんに、心より感謝の意を表したい。

　　2012年7月

編者　岡部　美香
　　　谷村　千絵

目　次

はしがき

第Ⅰ部　道徳および道徳教育の歴史

第1章　日本の学校教育における道徳教育の変遷 …………………………………… 3
1　天皇制国家を支える国民教育としての道徳教育　3
2　戦後の道徳教育　10

第2章　西洋における倫理と道徳の思想史 …………19
——新たな道徳教育に向けて
1　はじめに　19
2　古代から近世までの倫理と道徳　21
3　近代における倫理と道徳　26
4　20世紀以後の倫理と道徳　34

第Ⅱ部　学習指導要領の教育哲学的解題

第3章　人とのかかわりと道徳 ………………………43
——自分、他者、そしてメディア
1　学習指導要領に見る「自分」の位置づけ　43
2　自分と他者　49
3　メディアと人の弱さと悪　52

第4章　道徳教育と自然とのかかわり　………57
1　自然への親しみ　57
2　道徳教育と自然　60
3　『いのちの食べ方』を観る　62
4　魂に対する態度　64
5　おわりに　71

第5章　「崇高なものとのかかわり」から考える道徳教育の問いのかたち　………74
1　はじめに　74
2　「自然や崇高なものとのかかわり」：学習指導要領を読み解く　76
3　崇高と美の結びつきの由来　78
4　崇高と自然の結びつきの由来　81
5　自然体験における崇高との出会いと教育思想　84
6　「崇高なものとのかかわり」の教育の問題点は何か　87
7　問いに開かれた教育、問いで開かれる教育　89
8　おわりに　92

第6章　道徳教育がめざす「正義」とは何か　…………94
1　守られるべき「正義」はあるか？　94
2　「正義」をどう問うか？　100
3　「正義」とは何か？　105

第7章　多文化社会をひらく道徳　………113
1　はじめに：もう一つの道徳　113
2　多文化社会に求められている道徳とは　114
3　「公正・公平な目」について考え深める　116
4　日本人であることを見つめ直す　121
5　おわりに：道徳のアンラーン　127

第Ⅲ部　道徳教育の実際

第8章　さまざまな学校における道徳教育 ……… 133
  1. はじめに　133
  2. 小学校における道徳教育　133
  3. 中学校における道徳教育　137
  4. 高等学校における道徳教育　140
  5. 特別支援学校における道徳教育　144
  6. シュタイナー学校における道徳教育　147

資料 1. 小学校学習指導要領 道徳 新旧対照表　155
  2. 中学校学習指導要領 道徳 新旧対照表　163
  3. 小学校第1学年 道徳学習指導案　169

執筆者紹介

(執筆順、＊は編者)

＊岡部　美香（おかべ　みか）	京都教育大学准教授	第1章
渋谷　亮（しぶや　りょう）	奈良大学非常勤講師	第2章1・3・4 (3)
國崎　大恩（くにさき　たいおん）	兵庫教育大学特命助教	第2章2・4 (1)(2)
＊谷村　千絵（たにむら　ちえ）	鳴門教育大学准教授	第3章
丸田　健（まるた　けん）	大阪大学大学院准教授	第4章
小野　文生（おの　ふみお）	京都大学非常勤講師	第5章
苫野　一徳（とまの　いっとく）	日本学術振興会特別研究員（PD）	第6章
高橋　舞（たかはし　まい）	立教大学大学院研究生	第7章
辻　敦子（つじ　あつこ）	奈良女子大学助教	第8章1～3・5
池田　華子（いけだ　はなこ）	天理大学講師	第8章4
広瀬　綾子（ひろせ　あやこ）	京都教育大学非常勤講師	第8章6

第Ⅰ部

道徳および
道徳教育の歴史

第1章　日本の学校教育における道徳教育の変遷

　小・中学校の時に受けた「道徳の時間」の授業を思い出してみよう。素晴らしい読み物資料に出会って感動したこと、クラスメイトと活発に議論を交わしたこと、議論のなかでつい、いいすぎてしまったこと、逆に思うように発言できなかったこと、あるいはまた「自分の意見」をクラスメイトの前で発表するようにいわれて困ったことや恥ずかしかったことなど、さまざまな出来事が思い浮かぶのではないだろうか。

　実のところ、諸外国では必ずしも学校の教育課程のなかに「道徳の時間」が設定されているわけではない。道徳教育を家庭教育の領域に属するものと考え、学校では基本的に行わないとする国もあれば、道徳教育を宗教教育として捉え、特定の宗教の教義を教える国やさまざまな宗教・宗派について比較しながら学習するための授業を設けている国もある。

　では、なぜ日本の学校の教育課程には「道徳の時間」が特別に設けられ、全国の小・中学校で学習指導要領に従って道徳教育が行われるようになったのだろうか。本章では、日本の学校教育に道徳教育が導入された経緯とその政治的・社会的背景、および学校における道徳教育のその後の変遷について見ていくことにしよう。これを通して、学校で道徳教育をすることの教育的・社会的意味、そして今後の課題について考えてみたい。

1　天皇制国家を支える国民教育としての道徳教育

(1) 開国当初

　日本の学校教育における道徳教育は、近代学校制度の成立とともにはじまる。1872（明治5）年、日本で最初の近代的な学校制度である「学制」が発布

された。この学制のなかに、「修身科」という教科に関する記述が見られる。修身とは、身を修めること、すなわち知識を身につけ品性を高め人格を形成することを意味する言葉である。人格の形成を主な目的とする修身科の授業は、下等小学第8級から第5級までの期間、すなわち小学校の最初の2年間に設置され、そこでは修身口授が週1～2時間行われていた。口授という表現からうかがえるように、当時は、教師から子どもへの一方向的な口頭による説話・説教が中心であった。その様子について、内田魯庵は次のように書き残している。

> 修身の科目が一週一回、大抵土曜日の一時間を当てられてゐたが、拠るべき道徳の規範が無かつたので有触れた修身道話が繰返された。が、二十四孝式の親孝行咄では咄すものも張合が無く聴く方は本より怠屈して初めからヒソ〳〵咄をしたり欠伸をしたり中には大ッペラにグウ〳〵イビキを掻くものがあつても余り叱られなかつた。　　　　　　　　　　　　　　　　　　　　　［唐澤 1956, 65頁］

　この引用からもうかがえるように、開国当初、修身科の授業は、特に熱心に行われていたわけではなかった。学制の序文「学事奨励ニ関スル被仰出書」に明示されているように、明治政府は「国民皆学」と「実学志向」を学校教育の基本理念としていた。すなわち、身分や性別にかかわらず国民全員が学校教育を受けること、また学校では社会生活・職業生活に直接役に立つ実際的・実用的な知識や技術を教授することが重視されていたのである。当時、欧米諸国による植民地化の危機にさらされていた日本では、経済・産業・軍事をはじめとするあらゆる領域において、欧米諸国の知識や技術を摂取し社会全体を近代化することがさし迫って求められていた。したがって、教育の領域においても、欧米からもたらされた知識や技術を教授することにまずは主眼が置かれたのである。

（2）道徳教育重視の教育政策への転換

　ところが、明治10年代に入ると、そうした知育重視の風潮に対する批判が高まり、これに比例して、道徳教育を重視する傾向が強まっていく。たとえば、1879（明治12）年に、「教学聖旨」という文書が内務卿・伊藤博文をはじめとする政府の要職にあった人々に伝達されている。この文書は、教育や学問

の根本方針に関する明治天皇の見解を示したものである。そこには、学制以来の欧化主義的な知育重視の教育政策に対する批判と儒教主義的な道徳教育の必要性とが記されていた。文書の起草者は、天皇側近の儒学者・元田永孚(ながざね)であった。しかしながら、欧化政策を推進していた政府は、この時は教育政策の方針を特に見直そうとはしなかった。

　教育政策が大きく転換するのは、翌1880（明治13）年に改正された教育令においてである。ここで、修身科は小学校の教育課程における筆頭教科となった。これに伴い、修身科の授業時間数は大幅に増加した。改正教育令を受けてその翌年に定められた小学校教則綱領によれば、修身科は8年制の小学校の全学年に設置され、最初の6年は週6時間、残りの2年は週3時間、授業が実施されることとなった。同時に、修身科は儒教思想に基づくものとして規定されるようになり、『小学修身訓』（西村茂樹編、1880）や『小学修身書』（文部省編、1883/84）など儒教思想に基づく修身科の教科書が発行されるようになった。

　この教育政策転換の主な背景としては、1879（明治12）年に公布された教育令の目論見が外れたことと、自由民権運動が明治政府に深刻な危機感を与えるまでに高揚したことが挙げられる。

　先に学制について述べたが、学制の発布によってただちに日本全国に学校教育が普及したわけではなかった。上述のように、政府は、植民地化の危機を回避するべく、学校教育を整備し日本社会の近代化（＝欧化）を図ろうと躍起になっていた。だが、一般の人々、とりわけ地方農村部の人々にとって、彼らの生活の実態と大きくかけ離れた欧米の知識や技術を教授する学校は、ただ不可解なだけの存在であった。しかも、国家から人々に就学義務が課せられる一方で、学校の整備や子どもの就学にかかる費用は、基本的に子どもを学校に通わせる親が支払わなければならなかった。そのため、こうした状況に強い不満を抱く人々による学校の焼き打ちや教師への暴行が、当時は頻発していた。

　学校に対する人々のこうした批判や反発を重く受けとめた政府は、1879（明治12）年、学制を廃止し、新たに教育令（自由教育令）を公布する。これは、政府からの干渉を控え、それぞれの地方の状況に応じて学校を整備するよう奨励するものであった。ところが、この教育令が施行されるや否や、全国で学校整

備事業が停滞し就学率も減少するという事態が発生した。学校教育の普及が大幅に遅れることを懸念した政府は、ただちに教育令を改正し、学校教育を通して、天皇への崇拝を中核とする国民道徳の形成とこれに基づく国民意識の統一化を図ろうとした。そうすることで、学校制度をはじめとするさまざまな社会制度の整備を中央集権的に迅速に推し進めようと考えたのである。

他方ではまた、1874（明治7）年の民選議員設立建白書の提出に端を発する自由民権運動が、明治10年代になると、全国的な国会開設運動へと発展していった。運動の参加者たちは、J.-J.ルソーの『社会契約論』（1762）など、市民革命によって専制主義を打破した西洋諸国の社会思想を拠りどころにしながら、自由と自律を二本柱とする近代的な人間の育成と政治的・社会的な主体としての民衆の解放を学校教育に求めた。これに対して、政府は、天皇制という専制主義の枠内における民衆の啓蒙を学校教育に期待していた。自由民権運動の広がりと高まりに危機感を覚えた政府は、儒教思想に基づく道徳教育の重要性を強調することで、自由民権運動からの学校教育への影響を抑制しようとしたのである。

なぜ儒教思想が特に取り上げられたのかというと、この思想の特徴の一つが上下の理（ことわり）を尊重することにあるからである。この特徴を端的に表すのが「忠孝」という徳目である。一般に、「忠」は「目上の人」に対して「目下の人」が義務を尽くして服従することをさし、「孝」は親・先祖に対して子ども・子孫が義務を尽くして服従することを意味する。江戸時代には、儒教思想のなかでもとりわけ上下の理に重きを置く朱子学が幕府によって奨励され、その教化を通して人々を統治する文治政治がしかれていた。明治政府もまた、天皇制に適合するように翻案した儒教思想をもって人々に道徳教育を施すことで、欧米からの知識や技能を身につけつつも、それを──個人の自由と自律のためではなく──天皇制国家の発展と繁栄のために駆使するような国民を育成しようと考えたのである。

道徳教育を重視するこの教育政策は、1890（明治23）年の「教育ニ関スル勅語」（以下、教育勅語）の渙発（かんぱつ）によって確立されたといえる。教育勅語は、天皇制の永続的な存続と発展に奉仕するという国民の義務を忠実に果たすための基盤で

ある道徳性の育成が教育にとってもっとも重要であることを謳ったものである。

> 朕惟フニ我カ皇祖皇宗國ヲ肇ムルコト宏遠ニ徳ヲ樹ツルコト深厚ナリ我カ臣民克ク忠ニ克ク孝ニ億兆心ヲ一ニシテ世々厥ノ美ヲ濟セルハ此レ我カ國體ノ精華ニシテ教育ノ淵源亦實ニ此ニ存ス爾臣民父母ニ孝ニ兄弟ニ友ニ夫婦相和シ朋友相信シ恭儉己レヲ持シ博愛衆ニ及ホシ學ヲ修メ業ヲ習ヒ以テ智能ヲ啓發シ德器ヲ成就シ進テ公益ヲ廣メ世務ヲ開キ常ニ國憲ヲ重シ國法ニ遵ヒ一旦緩急アレハ義勇公ニ奉シ以テ天壤無窮ノ皇運ヲ扶翼スヘシ是ノ如キハ獨リ朕カ忠良ノ臣民タルノミナラス又以テ爾祖先ノ遺風ヲ顯彰スルニ足ラン

> 斯ノ道ハ實ニ我カ皇祖皇宗ノ遺訓ニシテ子孫臣民ノ俱ニ遵守スヘキ所之ヲ古今ニ通シテ謬ラス之ヲ中外ニ施シテ悖ラス朕爾臣民ト俱ニ拳々服膺シテ咸其德ヲ一ニセンコトヲ庶幾フ　　　　　　　　　　　　　　　　　　［文部省 1972, 8頁］

　同じく1890（明治23）年に改正された小学校令においても、「小学校ハ児童身体ノ発達ニ留意シテ、道徳教育及国民教育ノ基礎並其生活ニ必須ナル普通ノ知識技能ヲ授クルヲ以テ本旨トス」（第一条）というように、道徳教育の重要性が規定されている。さらに、この小学校令の改正を受けて作成された小学校教則大綱（1891）では、「德性ノ涵養ハ、教育上最モ意ヲ用フヘキ」（第一条）ことであり、「修身ハ、教育ニ関スル勅語ノ旨趣ニ基キ」つつ「殊ニ尊王愛国ノ士気ヲ養」うよう努めるべきであることが記されていた（第二条）。

　教育勅語の謄本は、ただちに全国の学校に行き渡った。これを見計らって、文部省は「小学校祝日大祭日儀式規程」（1891）を制定し、祝日および国家神道の式日である大祭日に小学校などで勅語奉読式を行うことを法制化した。この奉読式には、小学校の児童のみならず、その家族や地域住民も参加しており、これによって教育勅語は国民全体に浸透していった。このようにして、天皇制国家を支える国民を育成するための道徳教育重視の教育体制は確立されていったのである。

（3）大正自由教育における道徳教育

　さて、1900年代に入ると、全国的に学校教育が普及し、小学校への就学率も90％をこえるようになった。こうした状況のもと、1910年代の半ばごろから、大正デモクラシーの気運とも相まって、学校教育の改革運動が全国各地で

生起するようになる。

　大正自由教育運動とも呼ばれるこの改革運動は、それまでの教師や教科書中心の学校教育を批判し、子どもの自発的活動を重視する教授・学習方法の開発・実践を試みた点に特徴がある。道徳教育に関しても、たとえば、文部官僚出身の澤柳政太郎が創設した成城小学校では、小学校低学年において筆頭教科である修身科の授業を廃止し、代わりに国語科の授業で昔話やおとぎ話や童話を読み聴かせ、その道徳的価値への感動・共感を呼び覚ますことによって子どもたちの道徳性を育成しようと試みた。成城小学校の主事であり小学校高学年の修身科を担当していた小原國芳の著作『修身教授革新論』（1920）では、教育勅語の内容が民本主義の視点から再解釈され、自律的な道徳を確立する必要性について論じられている［鰺坂 1920：岡部 2010, 117-140頁］。また、奈良女子高等師範学校付属小学校の主事であった木下竹次は、「人々の人格が自発的、自律的、創造的になって初めて真の道徳を完うする」ことができると主張し、修身科にも「創作学習」を導入すべきであると訴えた［木下 1923, 104頁］。他にも、池袋児童の村小学校の教師であった野村芳兵衛は、国定教科書の内容を批判的に吟味した上で、その一部を自作の教材に置き換えるという方法を取り入れている［野村 1974, 155-194頁］。

　ただし、これらの実践や主張は教育勅語の枠組みをこえるものではなく、結局のところ、教授・学習の方法に関する改良案を提示するのに留まり、修身科の教育目的・内容そのものを問い直すまでには至らなかった。換言するなら、大正自由教育運動のなかで試みられた道徳教育は、教育勅語の押しつけや注入には批判的であったが、教育勅語に自発的・自律的に従う主体として子どもを育成することには積極的であったということができよう。

　ところが、1920年代半ばには、大正自由教育運動に衰退の兆しが見えはじめる。1924（大正13）年に起こった「川井訓導事件」は、それを具体的に示すものであった。長野県の松本女子師範学校付属小学校の教師であった川井清一郎は、文部省の視察が入る研究授業で修身科の授業を行った。子どもの道徳性を育むには、子どもの生活の実態に即し、かつ子どもも教師も感動するような教材を使用する必要があると考えた川井は、まず自選の教材（森鴎外の小説）

で「孝行」などの徳目について学習し、その後に国定教科書を使用して学習内容を確認するという授業計画を立てた。この計画に基づいて行われた授業は、視察に来ていた文部省視学委員の指示により中断され、川井には行政処分が下された。理由は、最初から通して国定教科書を使用することなく修身科の授業を行おうとしたからであった。つまり、目的や内容が教育勅語に即したものであっても、方法が「国定」でなければ反国家主義の教育だとみなされたのである。

この事件の翌年には、治安維持法が成立し、陸軍現役将校学校配属令も発令されている。これ以降、日本社会のファシズム化は加速度を増し、学校教育は国家主義と軍国主義によって塗り固められていくこととなる。

(4) 戦時下の道徳教育

「思想善導」・「国体明徴」のスローガンのもと、教育と学問の国家主義化と軍国主義化が推し進められるなか、1937 (昭和12) 年、文部省は『国体の本義』を刊行する。このなかでは、日本が天皇家を宗家とする一大家族国家であること、それゆえ、忠孝の徳を尽くして天皇家に仕えるのが国民としてあるべき美しい姿であることなどが論じられた。

この理念を実現するべく、1941 (昭和16) 年に国民学校令が公布される。これ以降、小学校は国民学校と呼ばれるようになった。国民学校の教育目的は、「皇国ノ道ニ則リテ初等普通教育ヲ施シ国民ノ基礎的練成ヲ為ス」(第一条) ことにあった。この目的に即して作成された教育課程には、「国民科」という教科が設置された。国民科は、修身・国語・国史・地理の4科目から構成される教科で、子どもたちにおいて「特ニ国体ノ精華ヲ明ニシテ国民精神ヲ涵養シ皇国ノ使命ヲ自覚」させることを重視し、「皇国ニ生レタル喜ヲ感ゼシメ、敬神、奉公ノ真義ヲ体得」させることをめざすものであった (施行規則第二条)。

1941 (昭和16) 年に発行された初等科修身の国定教科書『ヨイコドモ　上』(第一学年用) には、次のような文章が掲載されている。

　　テキノタマガ、雨ノヤウニ　トンデ　来ル中ヲ、　日本グンハ、　イキホヒヨ

ク　ススミマシタ。　テキノ　シロニ、　日ノマルノ　ハタガ　タカクヒルガヘリ
　　マシタ。　「バンザイ。　バンザイ。　バンザイ。」　勇マシイ　コエガ　ヒビキワ
　　タリマシタ。

　また、『ヨイコドモ　下』（第二学年用）では、神の国である日本の素晴らしさが次のように賛美されている。

　　　　明カルイ　タノシイ　春ガ　来マシタ。　日本ハ、　春　夏　秋　冬ノ　ナガ
　　メノ　美シイ　国　デス。　山ヤ　川ヤ　海ノ　キレイナ　国　デス。　コノ
　　ヨイ　国ニ、　私タチハ　生マレマシタ。　オトウサンモ、　オカアサンモ、
　　コノ　国ニ　オ生マレニ　ナリマシタ。　オヂイサンモ、　オバアサンモ、　コ
　　ノ　国ニ　オ生マレニ　ナリマシタ。　日本　ヨイ　国、　キヨイ　国。　世界ニ
　　一ツノ　神ノ　国。　日本　ヨイ　国、　強イ　国。　世界ニ　カガヤク　エライ
　　国。

　このように、日本という一大家族国家の宗家である天皇家に忠実に孝行を尽くす国民たるにふさわしい考え方や振る舞い方が身につけられるよう、皇国思想や戦時下の心構えを徹底して子どもたちに教えることが国民科における修身の役割であった。国民学校の教師は、積極的にであれ消極的にであれ、国家主義・軍国主義を賛美し、国家のために命を惜しまず自己犠牲的に献身することの「正しさ」・「美しさ」・「大切さ」を国民道徳として子どもたちに説かなければならなかった。それができなければ、教壇を去るしかなかった。

2　戦後の道徳教育

(1)「学習指導要領（試案）」における位置づけ

　1945（昭和20）年8月、日本は終戦を迎える。翌月、文部省は「新日本建設ノ教育方針」を発表し、戦後の日本における教育の基本的な方向性を示した。そこでは、軍国主義を払拭し平和国家の建設をめざすと謳われる一方で、「益々国体ノ護持ニ努ムル」とも宣言されていた。同年11月に発足した公民教育刷新委員会は、この方針に基づいて、修身と公民的知識とを結合させた公民教育の推進を計画していた。

　ところが、連合国軍最高司令官総司令部（GHQ）は、同年10月の「日本教育

制度に対する管理政策」のなかで、軍国主義のみならず国家主義的イデオロギーの普及についても禁止することを通達し、さらに12月には、国民科のうち修身・国史・地理の授業の停止と教科書・教師用図書の回収とを命じた。この時、御真影（天皇・皇后の写真）と教育勅語の謄本もともに回収されている。[1]その後、地理は1946（昭和21）年6月に、国史は日本史へと改められた上で少し後れて10月に授業の再開が許可されたが、修身は許可されなかった。ここに、学制以来続いてきた修身（科）の歴史は幕を閉じる。

戦後の学校教育において道徳教育の中心的な役割を担ったのは、1947（昭和22）年3月発表の「学習指導要領（試案）」において新設された社会科であった。教科表の備考には、従来の修身・公民・地理・歴史がなくなり、その代わりに社会科が新設されたことが記されている。社会科の目標の欄を見ると、15項目のうち最初の3項目に特に道徳教育の内容が包摂されている。

　一　生徒が人間としての自覚を深めて人格を発展させるように導き、社会連帯性の意識を強めて、共同生活の進歩に貢献するとともに、礼儀正しい社会人として行動するように導くこと。
　二　生徒に各種の社会、すなわち家庭・学校及び種々の団体について、その構成員の役割と相互の依存関係とを理解させ、自己の地位と責任とを自覚させること。
　三　社会生活において事象を合理的に判断するとともに、社会の秩序や法を尊重して行動する態度を養い、…（中略）…正義・公正・寛容・友愛の精神をもって、共同の福祉を増進する関心と能力とを発展させること。

このように、戦後の道徳教育は、修身（科）のような特別な教科・科目を設置することなく、科学的・合理的な社会認識に基づいて思考し行動することのできる人間を育成するための教育の一環として出発した。したがって、社会科に位置づけられはしたものの、道徳教育は、社会科の授業においてだけではなく、児童・生徒の学校生活全体を通して行われることが期待されていた。この考え方を、全面主義の道徳教育という。

（2）「道徳の時間」の特設

だが他方では、道徳教育のための教科ないしは科目をふたたび設置しようとする動きも活発に展開されていた。というのも、戦後直後の社会的な混乱とこ

れに伴う少年犯罪の増加に加え、連合国の占領下にあるなかで国家としての独立を希求する気運の高まりや、さらには東西冷戦という新たな国際情勢の始まりなど、国内外のこうした諸動向が道徳教育の充実と世界市民としての道徳性の育成とを要請していたからである。

　第3次吉田茂内閣の文部大臣に就任したカント哲学の研究者・天野貞祐は、戦前の修身教育を批判しつつも、学校の教育課程に道徳教育のための授業を新設するべく、1950（昭和25）年、教育課程審議会に「道徳教育振興について」を諮問した。だが、教育課程審議会は、戦前の修身教育への批判に基づき、道徳教育のための特別な教科を設けるのは好ましくないとする判断を示した。天野は、翌年、新たな時代にふさわしい道徳教育の指針を示すべく「国民実践要領」を提案するが、愛国心や天皇への親愛に関する記述が見られたことから、強い反発を招くこととなった。

　しかしながら、道徳教育の充実を図ろうとする動きは弱体化することはなく、1956（昭和31）年と1957（昭和32）年には相次いで、時の文部大臣から道徳教育のあり方について教育課程審議会に諮問がなされている。はたして、1958（昭和33）年3月発表の教育課程審議会答申のなかで、道徳教育のための授業の特設が明示された。

　これを踏まえ、同年10月に改訂された学習指導要領において、小学校および中学校の教育課程に「道徳の時間」が設置されることとなった。とはいえ、「道徳の時間」は教科や科目ではなく、また、学校における道徳教育も基本的には、「教育基本法および学校教育法に定められた教育の根本精神に基」づきつつ、これまでのように「学校の教育活動全体を通じて行う」ものであるとされた。「道徳の時間」の役割は、学校の教育活動全体を通じて行う道徳教育と密接な関連を保ちながら、これを「補充し、深化し、統合」することにあった。小学校学習指導要領には、具体的に次の四つの目標をめざすものであることが明記されている。

　　一　日常生活の基本的な行動様式を理解し、これを身につけるように導く。
　　二　道徳的心情を高め、正邪善悪を判断する能力を養うように導く。
　　三　個性の伸長を助け、創造的な生活態度を確立するように導く。

四　民主的な国家・社会の成員として必要な道徳的態度と実践的意欲を高めるように導く。

　ところが、1963（昭和38）年の教育課程審議会答申「学校における道徳教育の充実方策について」では、「道徳の時間」が必ずしも十分な成果を上げておらず、「一部ではあるが、道徳の時間を設けていない学校が残存している」との指摘がなされている。この主な要因としては、戦前の修身教育への批判が根強くあることに加え、「道徳の時間」が教科や科目として位置づけられず教科書が作成されなかったために、学校の教員が教材や指導法の研究に戸惑っていたことなどが挙げられた。

　そこで、文部省は「道徳の指導資料」を刊行する。1964（昭和39）年から3年にわたって発行されたこの資料集は、各種の指導案や古今東西の名作物語・童話・伝記などの読み物資料、説話資料を収録し、小・中学校の学年別に編纂したものである。この資料集の発行を境に、それまでは児童・生徒の日常生活を直接題材にすることの多かった「道徳の時間」が、読み物資料の読解とそれに基づく議論を中心とする授業形態へと変容していった。1965（昭和40）年に通知された「道徳の読み物資料について」（文部省）のなかでは、道徳的な判断力や心情を養い実践的な意欲を培うのに適切な読み物資料の条件として、次のような項目が挙げられている。①道徳的価値が明確に捉えられるもの。②題材の内容および表現が学年段階に即しているもの。③一面的な見方、考え方に偏っていないもの。④思考を発展させたり、感動を深めたりするもの。⑤正確な内容のもの。⑥指導効果を高める挿絵などを用いているもの。⑦正確な表記であるもの。

　道徳教育に関するこうした工夫や改善が進められるなか、1966（昭和41）年、中央教育審議会は答申の別記として「期待される人間像」を公表する。これは、新たに迎えた高度経済成長期という時代状況にふさわしい人間像を明示しようとするものであった。ところが、第二部「日本人にとくに期待されるもの」の第四章「国民として」のなかで、「正しい愛国心」や「日本国および日本国民統合の象徴」に対する敬愛の念などが述べられていたことから、政府がふたた

び国民道徳を一定の方向に定式化しようとしているのではないかという疑問や批判が巻き起こり、愛国心や国家観や天皇の存在をめぐって激しい論争が展開された。

このように修身教育の復活に反対する見解や、道徳教育は日常の生活・生徒指導のなかで十分にできるがゆえに「道徳の時間」は不要であるとする見解が少なくなかったことから、その後も「道徳の時間」についてはあまり熱心に取り組まれているとはいえない状態が続いた。1983（昭和58）年の文部省調査によると、全国の小・中学校のうち、ほぼすべての学校に「道徳の時間」が導入されてはいたものの、授業が適切に行われていると回答した学校は、小学校で約77％、中学校では約64％であった。また、1997（平成9）年の道徳教育推進状況調査（文部省）においても、学習指導要領に規定されている年間の授業時間数を下回る学校が、小学校で約32％、中学校では約59％あり、「道徳の時間」が学校行事や学級活動、教科指導に振り替えられている状況が明らかとなっている。

（3）道徳教育の充実を図る諸施策

文部（科学）省は、こうした道徳教育の不振状況を改善しようと、今日に至るまでさまざまな改善策や充実策を打ち出してきた。

たとえば、1989（平成元）年の学習指導要領の改訂では、それまでただ羅列的・総花的に挙げられていた道徳教育の内容項目が、四つの視点を軸に学年別・学校種別に構造化された。その四つの視点とは、「1．主として自分自身に関すること」、「2．主として他の人とのかかわりに関すること」、「3．主として自然や崇高なものとのかかわりに関すること」、「4．主として集団や社会とのかかわりに関すること」である。この構造化は、学級の子どもたちの発達段階や特性や具体的な状況に応じて効果的な学習が展開できるようにと実施されたものである。これは、以後の学習指導要領においても継承されている。➡2

また、この学習指導要領の改訂では、各教科・領域（特別活動）や生活・生徒指導における道徳教育と「道徳の時間」との有機的な連関の重要性もよりいっそう強調されるようになった。そこで、新しい道徳学習の方法および教育課程

の組み方として、「道徳の時間」の前後にその内容と関連があり、かつ子どもが主体的に体験したり実践したりできるような授業や学習を位置づける「総合単元的な道徳学習」が注目されるようになった［押谷1995］。

　1996（平成8）年の中央教育審議会「21世紀を展望した我が国の教育の在り方について（第一次答申）」では、国際化・情報化などが進展し変化の激しい社会情勢のもとで「生きる力」を育成する必要性が打ち出され、これを受けて、1998（平成10）年に改訂された学習指導要領では、問題解決型の学習方法を積極的に採用する「総合的な学習の時間」が新設された。これ以降、「道徳の時間」は総合的な学習の時間とも有機的な連携を図ることが求められるようになった。

　この動きと並行して、文部大臣からの諮問「幼児期からの心の教育の在り方について」（1997）を受けた中央教育審議会は、答申「新しい時代を拓く心を育てるために──次世代を育てる心を失う危機──」（1998）を発表している。この答申のなかでは、道徳教育を幼児期から積極的に行うことが奨励されるとともに、家庭・地域・学校それぞれにおける道徳教育の改善について具体的な方策が多数、提言された。このうち、たとえば、家庭でのしつけにおいて配慮すべき点をまとめた冊子については、2003（平成15）年以降、『家庭教育手帳』（文部科学省生涯学習政策局）として毎年、作成され配布されている（現在は、文部科学省ホームページに掲載）。

　さらに、2000（平成12）年には、小渕恵三首相の私的諮問機関である「教育改革国民会議」が、「教育を変える17の提案」を副題とする報告を公表している。このなかでは、2番めの提案として、「学校は道徳を教えることをためらわない」が掲げられた。折しも、神戸連続児童殺傷事件（1997）、栃木女性教師刺殺事件（1998）、光市母子殺害事件（1999）などの深刻な少年犯罪が発生し、マスコミによってセンセーショナルに報道されていたこともあり、学校における道徳教育への取り組みを支援・強化するべく、2002（平成14）年、「道徳の時間」の補助教材「心のノート」（文部科学省）が作成され、全国の小・中学生に配布された。

　ところで、教育改革国民会議による17番めの提案は、「新しい時代にふさわしい教育基本法を」であった。この提案は、2003（平成15）年の中央教育審議

会答申「新しい時代にふさわしい教育基本法と教育振興基本計画の在り方について」を経て、2006（平成18）年の教育基本法の改正へとつながっていった。改正後の教育基本法においては、第二条（教育の目標）のなかに、学習指導要領にも記載されている道徳教育の内容項目が盛り込まれている。

> 第二条　教育は、その目的を実現するため、学問の自由を尊重しつつ、次に掲げる目標を達成するよう行われるものとする。
> 一　幅広い知識と教養を身に付け、真理を求める態度を養い、豊かな情操と道徳心を培うとともに、健やかな身体を養うこと。
> 二　個人の価値を尊重して、その能力を伸ばし、創造性を培い、自主及び自律の精神を養うとともに、職業及び生活との関連を重視し、勤労を重んずる態度を養うこと。
> 三　正義と責任、男女の平等、自他の敬愛と協力を重んずるとともに、公共の精神に基づき、主体的に社会の形成に参画し、その発展に寄与する態度を養うこと。
> 四　生命を尊び、自然を大切にし、環境の保全に寄与する態度を養うこと。
> 五　伝統と文化を尊重し、それらをはぐくんできた我が国と郷土を愛するとともに、他国を尊重し、国際社会の平和と発展に寄与する態度を養うこと。

　だが、2008（平成20）年の中央教育審議会答申「幼稚園、小学校、中学校、高等学校及び特別支援学校の学習指導要領等の改善について」では、現代の子どもにおける規範意識や人間関係を形成する力の低下が危ぶまれ、また「道徳の時間」の指導が形式化し実効が上がっていないとも指摘され、それゆえ道徳教育に取り組む体制をよりいっそう充実させる必要性が訴えられている。そのための施策として、高等学校における道徳教育が必須化され、さらに、実現はしなかったが、「道徳の時間」の教科化も検討された。[3]

　戦後、改善や充実にかかわる施策がこのようにたくさん提案されてきたにもかかわらず、なぜ日本の学校教育における道徳教育は十分な実効を上げることができないといわれ続けているのだろうか。これについては、今後、調査・研究に基づいて詳細に検討する必要があるが、一ついえることがある。それは、一見、対照的な、実践の上ではともすれば矛盾するような複数の道徳的価値を同時に達成するというきわめて困難な課題が、今日の私たちには求められてい

るからだ、ということである。先に挙げた現行の教育基本法の条文をもう一度、読んでみよう。たとえば、個人の価値を尊重するとともに、他者との協力や公共の精神に基づき社会に参画すること、また、自国の伝統と文化を尊重し郷土を愛しつつ、国際社会の平和と発展に寄与することなどの課題が掲げられている。これらの課題に取り組みはじめると、時に矛盾し対立するかのような事態に出くわす場合もある。だが実際のところ、これらの課題は、本章の第2節の(2)でも述べたように、戦後直後から日本の学校教育における道徳教育に課されてきたものであり、また、グローバル化が進展し人権が普遍化するにつれて、今後もますます、日本のみならず、すべての国のあらゆる人々に対して要請される道徳的な課題だといえる。

　本章の第1節で述べたように、戦前の日本では、個人と社会（公共）、あるいは一つの国家と国際社会とを対立するものとして捉える見方が一般的であった。それゆえ、「私」を滅して国家に奉仕することや、国家間の利害対立から発展した戦争に積極的に協力し自国の利益をどこまでも追求することが人々に求められたのである。私たちは、戦前のこうした二項対立的な捉え方や思考の枠組みを十分に反省した上で、科学的・論理的な省察を通して、今日のグローバル社会に生きる世界市民にふさわしい道徳とは何かを考える必要がある。

　この新しい道徳について考えることは、異なる歴史的・社会的・文化的背景を有する人々との出会いを可能にしてくれるだろう。いや、むしろ、そうした人々と出会い、矛盾や対立を抱えつつそれに悩みながらも互いに対話を重ねるなかで、この新しい道徳は少しずつ実現されていくだろう。環境問題を視野に入れるなら、人間以外の生き物や私たちを取り巻く環境に存在するものやことがらとも、私たちは出会い対話する必要がある。自分とは異なるたくさんの人々や生き物やもの・ことがらと出会い、彼らが発する多様な声に応答することを通して、私たちは、彼らが、そしてまた自分が何者なのかということに繰り返しあらためて気づかされ、それぞれに「自分らしく」存在する道を見いだそうとするだろう。そうすることで、私たちは「自分らしく」、また「人間らしく」振る舞うことができるようになっていく。このような道徳教育に、これからは取り組む必要があるのではないだろうか。

注

- 1 教育勅語は、1948（昭和23）年6月の衆議院「教育勅語等排除に関する決議」、同じく参議院「教育勅語等の失効確認に関する決議」の採択をもって失効している。
- 2 1947（昭和22）〜2003（平成15）年までに発表ないしは施行された学習指導要領は、国立教育政策所ホームページ内の「学習指導要領データベース」（http://www.nier.go.jp/guideline/ 2012年7月10日取得）で閲覧することができる。相互に比較検討してみるのも興味深い研究である。
- 3 この中央教育審議会における道徳教育の教科化に関する議論は、「経済財政改革の基本方針2007」（平成19年閣議決定）における指摘を受けたものでもある。

参考文献

鰺坂（小原）國芳『修身教授革新論』集成社、1920年。
ウィルソン、J. 監修／押谷由夫ほか編訳『世界の道徳教育』玉川大学出版部、2002年。
岡部美香「〈生命〉探求の教育――小原國芳の修身科教授論」伊藤徹編『作ることの日本近代――一九一〇―四〇年代の精神史』世界思想社、2010年。
押谷由夫『総合単元的道徳学習論の提唱　構想と展開』文渓堂、1995年。
唐澤富太郎『教科書の歴史』創文社、1956年。
木下竹次『学習原論』目黒書房、1923年。
野村芳兵衛「修身教科書の研究」『野村芳兵衛著作集　生命信順の修身新教授法』黎明書房、1974年。
文部省『学制百年史（資料編）』1972年。
ルソー、J.-J.／作田啓一訳『社会契約論』白水社、2010年。

【岡部　美香】

第2章 西洋における倫理と道徳の思想史

新たな道徳教育に向けて●

1　はじめに

　現在私たちが生きているのは一つの危機の時代なのかもしれない。古代ギリシアにおけるポリス間の紛争の時代、キリスト教の権威が揺らぎ革命が相次いだ時代、そして二つの世界大戦によって人々が自らの無力を思い知った時代、これら数々の危機の時代において、そのつどいかに生きるべきかを問い直し、秩序と倫理のあり方を練り直す試みがなされてきた。私たちの生きている時代が危機の時代であるとすれば、それは今日の状況において、《現実的なもの》の凄惨な光景が至るところで露呈しているからである。そしてまた私たちがそれに向き合う術をいまだ手にしていないからである。私たちは今やかつての危機の時代と同様に、秩序と倫理のあり方を新たに練り直す必要に迫られているのではないだろうか。

　この数十年の間、情報技術が浸透し、新自由主義が全面化した。それに伴って、一方で個々人が依拠する価値観や枠組みのあてどのない多様化が、他方で技術と経済の専制が、互いに矛盾することなく進行してきたといえる。それによって人々は、至るところで分断され、同時に剥き出しの競争へとさらされることになった。そこにはもはや明確な善も悪も存在しない。そのなかで私たちにできることはただ、「他者」を尊重するという建て前のもとで、「他者」から距離をとりつつ「自らの世界」を固守し、そしてまた剥き出しの競争にさらされながら、競争をこえた関係を身近なところに模索することだけなのかもしれない。

　とはいえ《現実的なもの》の凄惨な光景は、そのような世界に生きる私たち

に問いを投げかけ、これまでとは「別の仕方」で考え生きるようせき立てる。現在が危機の時代であるとして私たちの倫理はおそらく、《現実的なもの》の断片に直面することからはじまる。すなわち《現実的なもの》にせき立てられ、人々や諸領域の分断をこえていくこと、技術と経済が支配する競争という体制を転倒させること、そしてまた他者との新たな結びつきを発明すること、そうしたことからはじまるのではないだろうか。

　歴史的にいって倫理ないし道徳は、一方で共同体において秩序をいかに維持するのかという規範の問題とかかわり、他方で善く生きるには自らをいかに形成すればよいのかという個別的な生の技法の問題を含んできた。その限りで倫理ないし道徳をめぐる試みは、単に共同体における規範の問題に還元されるものではない。むしろそれは、既存の共同体から抜け出し、それまでとは「別の仕方」で個人としての自己を形成する試みであったといえる。いいかえれば各々の歴史的な状況において、共同体とは何か、個人とは何かを問い直し、両者の関係を構想し直す試みである。

　同様に、道徳教育においても個人と共同体の問い直しは主要なテーマとなるはずである。たとえば、愛国心をどう考えるのか、またマイノリティや弱者とどう向き合うのかといった問題は、共同体と個人の関係をどう考えるかに直接かかわってくる。しかし、現在の日本の道徳教育の多くが個人や共同体のあり方それ自体を問い直すことはせず、愛国心を認めるか否か、マイノリティを切り捨てるか否か、そうした二者択一を迫る不毛な議論に終始している。

　これに対して倫理と道徳の思想史がめざすべきことの一つは、過去を生きる人々が各々の時代の危機において、共同体と個人を問う、その問いかけのうちに入り込むことである。それはすなわち、過去の人々が各々の《現実的なもの》と直面し、「別の仕方」へと超出する、そのプロセスを浮かび上がらせることだ。それは単に過去の人々の思想を記述するということではない。むしろ、現在の私たちの視点を、過去を生きる他者たちの視点へと接続し、そこに過去と過去との、あるいは過去と現在との意想外の結びつきを作りだす、そうした試みである。それこそ、これまでとは異なる仕方で自己を形成し、他者と結びつくための、そしてまた道徳教育を新たに試みるための出発点をなすように思わ

れる。さて倫理と道徳の思想史をはじめよう。

2　古代から近世までの倫理と道徳

　紀元前8世紀ごろからギリシア各地に小規模な政治共同体であるポリスが成立し、そのころからホメロスらが叙事詩という形で倫理を説きはじめた。このように西欧では倫理をめぐる思想はポリスにおいて誕生したといえる。そこで本節では、ポリスをはじめとする共同体に着目しながら、ギリシア時代から近世に至る倫理と道徳をめぐる思想の展開を跡づけていきたい。

(1) ソクラテスとプラトンによる倫理学の幕開け
　ギリシア時代の倫理は、究極の善である「幸福」と善を実現する能力としての「徳」をめぐる問題として展開する。それが一つの学問として開始されるのは、紀元前6世紀のタレスによる哲学の誕生から約150年後、デルフォイの神託により彼以上の賢者はいないとされたソクラテスにおいてである。彼は魂において善く生きることを幸福と捉え、幸福となるためにはさまざまな善を正しく知り利用しなければならないと考えた。つまり、彼は善く生きるために善に関する知恵を探求することが哲学であると考え、その実践哲学として倫理学を切り開いていったのである。

　ソクラテスの倫理学の中心にあるのは、超越的なものとしての神的なもの(ダイモニオン)である。幼少のころから自らの行いを咎める神的な声を耳にしていたというソクラテスにとって、善く生きることとは、神のみぞ知る善を求め、より善き霊魂をめざして思案を行うことであった。そこで彼はさまざまな人と善に関する問答を行った。ところが彼の言動はしばしばポリスの現行法や習慣と相反し、その結果裁判にかけられ死刑が宣告される。その後、判決が不当だとして友人らがソクラテスに脱獄を勧めたが、彼はたとえ判決が不当であっても法に基づくものである限りそれに従わないのは不正だと断じた。そして、幼きころより耳にしていた神的な声を裁判中に聞くことがなかったため、自らの意に反する死をも善いものだと確信しながら、彼は善く生きるために自ら毒杯を仰いだので

ある。

　このようにソクラテスはポリスのなかにありながら、神的なものという超越的なものとの関係で善く生きることを問い、そうした問いにかかわる学として倫理学を誕生させた。とはいえ、ソクラテスにおいて神的なものが命じるものとポリスが命じるものとの間にはズレがあり、それゆえ善き生に従ってポリスで生きようとしても不正をするか死へと至るかどちらかとなり、結局は善き生を貫くことができない。そこで彼の弟子であるプラトンは、ソクラテスが直面した超越的なものと共同体とのズレを解消し、不正なしに生き残ることができる倫理を模索する。そしてそのために彼は超越的なものの側からポリスという共同体それ自体を作り直そうとするのである。

　プラトンにとって倫理学の問いとは人々に幸福をもたらす善きポリスとは何かであった。当時のポリスは政治や戦争を行う市民（成人男性）と労働を行う非市民（奴隷や女性など）によって構成されていた。そこでプラトンは、一方で統治者が超越的なものとしての完全な善（善のイデア）を観想し、他方で市民が勇気を、そして非市民も含めた全住民が欲望を抑える節制をもち、その上で全住民の生き方が統治者の観想する善に従う時、ポリス全体は正義に適った幸福なものになると考えた。すなわちプラトンは統治者が市民と非市民を、また善に関する知恵が勇気と欲望を秩序づけ統制することが倫理的であるとする地平を切り開いていくのである。

　以上のようにプラトンは、超越的なものとしての善のイデアを観想する統治者にすべての人が従うことを正義とし、そこにおいて人々は善く生きることができると考えた。そして彼は哲学者こそが善を観想する統治者にふさわしいとする。こうして彼は善のイデアのもとでポリスという共同体を作り直すことで、超越的なものとかかわる哲学者が生き残る道を見つけだそうとしたのである。

(2) アリストテレスにおける倫理の二つの領域

　善をイデアとして捉えるプラトンを真っ向から批判したのは、プラトンが創設したアカデメイアで秀才と謳われたアリストテレスであった。彼はポリスを

統治する原理としての善のイデアという考えを否定し、別の仕方でポリスの倫理を探求する。アリストテレスにとってポリスは、絶対的な善のイデアのもとで統治されるものではなく、むしろ人々が現実の生活のなかで善を体現しながら「完全にして自足的な生」という幸福をめざすためのものであった。

しかし非市民ばかりでなく市民であっても、生きている限り何かを目的とする実践活動に携わるため、活動それ自体が目的となるような完全な自足に達することはできない。それでは誰が幸福を享受することができるのか。それは完全に自足し他者と共同することを必要としない「知者(ソフォス)」である。知者はすでに知に達しているので、知を欠くがゆえにそれを求める「哲学者(フィロソフォス)」とは異なる。アリストテレスのいう知者は、統治する哲学者ではなく、観想という知的な活動だけを目的とし、それゆえ活動と目的が完全に一体化した自足する存在なのである。

とはいえこのような知者は他者と共同して生きる必要のある共同体の内部には存在せず、それゆえ奇妙なことに、ポリスは完全にして自足的な生という幸福をめざす共同体でありながら、そのなかにいる誰もがそれにあずかることはできないことになる。それではポリスの内部で他者と共同しながらも幸福となるにはどうすればよいのか。そこでアリストテレスは、中間を善しとする中庸に根ざした徳に即して活動を行うことを提唱する。たとえば、正義という徳はさまざまな差異をもつ人々の間に打ち立てられる「中(メソン)」とされ、不正とはその「中」から外れた不等のこととされる。このような中庸の倫理こそが、善のイデアに頼ることもできず、なおかつ善を体現する知者になることもできないポリス民にとっての倫理であり、いわば超越的なものなき倫理である。

以上のようにしてアリストテレスは倫理の問題を、プラトンのような絶対的な善のイデアによる統治の原理としてではなく、人々が善をめざし自主的に自らを統治していく原理として考えようとした。そのためにまず、彼はポリスにおける倫理の領域をその外部にある知者の倫理とその内部にある中庸の倫理とに切り離していく。そして、イデアの代わりに知者の倫理を超越的なものとすることで、彼は中庸の倫理をポリスの倫理として駆動させていくのである。

(3) コスモポリスの倫理から寄留地の倫理へ

　アリストテレスに至るまで倫理の問題とはポリスの問題であり、ポリスの繁栄を考えることが個々人の幸福を考えることであった。しかし紀元前4世紀、アリストテレスに教えを受けたアレクサンドロス大王が広大な世界帝国を築き上げたことでポリスはその政治的独立性を失い、都市国家から世界国家の時代へと移行し、ポリス市民はポリスを喪失し世界市民となった。その際、政治は王など一部の統治者によって独占され、市民は政治から閉め出されてしまったために、世界国家全体の繁栄はもはやポリスの一員としての市民の幸福とは一致しなくなってしまった。ここに共同体の一部としての個人ではなく、共同体から独立した個人そのものの倫理を問う余地が出てきたといえる。こうしてヘレニズム以降、個人の倫理と道徳を考えることから共同体をあらためて捉え直すことが倫理を考えるために必要となったのである。

　コスモポリスにおける倫理を説く一人にローマ皇帝マルクス・アウレリウスがいる。彼は共同体のあり方ではなく個人がどのように生きるかを考え、それこそがコスモポリスの倫理であるとする。なぜならアウレリウスにとって、ローマ帝国は都市(ポリス)と宇宙(コスモス)が過不足なく包含し合うコスモポリスであり、そしてコスモポリスに住まうすべての個人は宇宙から法を遵守する本性や理性的なものを与えられているはずだったからである。すなわち、個人それ自体が全体と調和的につながっているがゆえに、個人の倫理を考えることがコスモポリスの倫理になるのである。

　ところが、4世紀以降ローマ帝国が衰退していくとともに、個人が全体と調和的につながっているとは考えられなくなり、別の仕方で共同体と倫理ないし道徳を練り直していく必要が生じる。そのような試みに取り組んでいったのが、キリスト教の理論的基礎を築いたアウグスティヌスである。彼は当初個人と全体が調和的につながっていると考えていたため、キリスト教信者の住む世界全体が神の支配するキリスト教的世界であると考えていた。しかし、ローマ帝国が衰退するにつれて彼はこの世界を、超越的なものである神への愛が支配する神の国と自己愛が支配する地の国とが絡み合う場として捉え直し、人間をそこに一時的に住む「寄留者(ペレグリヌス)」とみなしていく。そしてコスモポリスの倫理を

寄留地の倫理として再編していくのである。

　そこではまず、真の正義は神の国にのみ存在するとされ、国家という共同体は神への愛という共通の心によって結び合わされた人々の集団として定義し直される。ところがアウグスティヌスによれば、神の国と地の国とが絡み合うこの世に生きる人間は、神への愛だけでなく自己愛という別種の愛にもとらわれて存在するという。自己愛とは神を軽蔑し、人間の栄光を求め、自分以外の他者を支配しようとする意志である。したがって、利己的な自己愛にもとらわれている人間は、神への愛を実践することでその罪深さを自覚しつつ、来るべき正義による裁きを待つ「寄留者」として生きていくしかない。

　このようにアウグスティヌスは、個人のうちに利己的な自己愛を認めながらも、超越的な神への愛によって自らの利己心を抑制することが倫理的であると考えるようになる。そしてそのような神への愛で結ばれた共同体としてキリスト教的な国家を構想する。こうしたアウグスティヌスの試みは、アリストテレスがポリスの倫理として中庸の倫理を駆動させるべく共同体の外部にある超越的なもの（知者）の倫理として把握したものを、神への愛として個々人のうちに置き直し、これを国家という共同体の結びつきの核として捉えようとするものである。この場合、アリストテレスにおいてポリスの倫理が知者の倫理と中庸の倫理とに分裂していたように、アウグスティヌスにあっては個人それ自体が神への愛と自己愛とに引き裂かれる。したがってキリスト教における寄留地の倫理とは、アリストテレスのポリスの倫理をキリスト教に合うように置きかえ、さらにそれを個人に内面化したものであるということができる。これによって、アウグスティヌスは神への愛を個人のうちに埋め込み、自己愛が暴走するのを制限し、個人から出発しながら神への愛によって結びつく共同体を構想しようとしたのである。

　その後、中世においても神という超越的なものと自己にかかわるものという二つの関係性を個人の内面において問うという倫理を語る際の姿勢は変わることがない。たとえば13世紀の代表的神学者トマス・アクィナスは知性を通して神を見ることが重要であると説くが、神の知を得ることは来るべき天国においてはじめて可能であるとし、神の知と人間の知という二重性において倫理を

問い続けた。

　以上、古代から近世までの倫理を足早に見てきた。そこで明らかになったのは、倫理を問うということがそのはじめから、超越的なものを介して共同体や個人を捉え直す試みであったということである。すなわち、ソクラテスの死において示された超越的なものと共同体とのズレを、プラトンやアリストテレスは超越的なものとの関係において共同体を問い直すことによって、マルクス・アウレリウスやアウグスティヌスは超越的なものとの関係において個人を問い直すことによって埋めようとしたのである。ところが、神などの超越的なものによるのではなく人間の現実をあるがままの姿で眺めようとするルネッサンス以降の気運の高まりとともに、倫理と道徳が自己愛そのものに基づいて再編されていくことになる。そこで次節では、共同体や個人が16世紀以降どのように捉え直されていくのかを見ていくことで、近代における倫理的・道徳的問題の立ち上がりを見ていくことにしよう。

3　近代における倫理と道徳

　16世紀以降、宗教的組織の指導力が衰退し、資本主義の離陸がはじまるなかで、西欧社会は制度と倫理を根本的に再編成する必要に迫られていた。そうした時代にあって、T. ホッブスやJ. ロックらは社会の起源を議論し、J. ベンサムは功利主義を推進し、そしてI. カントは倫理や公に関する考察を展開した。これらの試みはいずれも、宗教や国家からわずかにずれた場所で共同体と個人を再定義することから出発する。そこにおいて神や君主といった超越的なものを介することのない共同体が、あえていうなら物や金銭などを交換する人間たちの社会が姿を現し、これによって倫理と道徳のあり方が再規定されていったのである。以下ではその過程を20世紀初頭に至るまで見ていこう。

(1) ベンサムと「機械仕掛け」の社会

　18世紀のイギリスにおいて、D. ヒュームやA. スミスは神や君主などの超越的なものに依拠することなく、人間の自然に即して倫理を規定する試みを展開

した。ヒュームは、道徳が他者の快苦への自然な共感によって生じるとし、またスミスは、他人の立場に身を置く「同感」を通して自らの行為を反省し調整していくプロセスが道徳の根幹にあると考えた。彼らの議論は、個人が自由に振る舞いながら他者の視点を考慮することを道徳として把握し、個人どうしの自然な結びつきに秩序の形成を見ようとするものである。功利主義の法学者ベンサムもまた、こうした立場を引き継ぎながら新たな倫理の形を模索する。そして彼は、その過程で近代的な社会の輪郭を描き出していったのである。ここではベンサムの議論を見ていこう。

　ベンサムは『統治断片論』(1776)において、科学と技術が著しく発展する自らの時代を「忙しい時代」と呼んでいる。彼はそのような「忙しい時代」にふさわしい仕方で道徳を革新するため、倫理の基礎を快感のうちに置き、道徳の算術を打ち立てようとする。ベンサムによれば、個人が自らの快感を追求し、増大させることは自然なことであり、それ自体で倫理的である。そして彼は、快感と不快の量的な計算が可能となるように、快感と不快を詳細に分類し価値づける。その上で立法の原理として、人々の快感(=幸福)の総和を最大化するという公理(「最大多数の最大幸福」)を掲げ、算術によってこれを実現することを構想するのである。

　こうしたベンサムの議論が資本主義の離陸と結びついていたことは看過すべきではない。18世紀には市場が、物や金銭が交換され、人々の競争が行われる場として重要性を獲得していった。それとともに個人や組織は市場において、国家や宗教的組織からの干渉なしに、自らの「利害関心」のもとで自由に振る舞うべきだとされた。すなわちアウグスティヌスが個人のうちに埋め込んだ制限としての神への愛が解除され、個人は自己愛のもとで活動すべきだとされたのである。このような状況にあって、ベンサムは利害関心を追求する自己愛的な主体を、快感を求める個人として定式化し、そのような諸個人をまとめ上げるための原則として「最大多数の最大幸福」を明示したのだ。しかし彼は単に諸個人が自由に利害関心を追求すればよいと考えたわけではない。むしろ環境を操作することで、快感を求める諸個人の情念や欲求それ自体をうまく方向づけ、個人の「計算違い」を修正しながら自由を一定の枠組みのなかで配分

することをめざす。ベンサムがその可能性を追求した「パノプティコン」は、まさに個々人の「計算違い」を修正し、枠組みにはめ込まれた自由を生みだすための原理であった。

　パノプティコンとは監獄、学校、病院などさまざまな施設に適用される建築の一般原理である。そこでは中央に監視塔が設置され、その周囲に円形に独房や病室といった部屋が配置されている。監視塔からはそれらの部屋をすべて見ることができるが、個々の部屋の方からは監視塔の内側を見ることができない。哲学者M. フーコーによれば、このパノプティコンという装置は、第一に個々人を雑多な集合から切り離して個別化し、第二に監視という最小限の機制のもとで個々人が自由に振る舞うことを許容し、さらにまた必要な時に介入することを可能にする、そのような「機械仕掛け」である。そこで人々は個人として自由に振る舞いながらも、建築的な仕掛けによって不可避に交換や競争といった関係のうちに組み込まれ、さらにまた不可視の監視者の視線を意識しながら他者の視点を考慮するようになる。そこでは、一方で個人は自由に利害関心を追求することができ、他方で超越的なものを介することなく秩序が維持される。ベンサムはこのようなパノプティコン原理によって機能する施設が複数結びつくことで、監視の領域が無限に拡大可能であると考えていた。パノプティコンという「機械仕掛け」が無数に結びつきネットワークをなすことで覆い尽くされる無限の空間、それこそがベンサムにとっての社会であったといえる。神や君主といった超越的なものが「機械仕掛け」のネットワークに取って代わられたのである。

　このようにベンサムは、市場の再編成と利害関心の主体の出現という状況に身を置き、一方で超越的なものを排除し、快感を追求する自己愛的な個人の営みのうちに倫理を位置づけながら、他方でパノプティコンという機械仕掛けを環境に張りめぐらせることで社会を編成しようと構想した。こうしたベンサムの構想は、J. S. ミルら19世紀の功利主義へと引き継がれ、近代的な共同体のモデルとなっていく。とはいえそこに何ら抵抗がなかったわけではない。ベンサムが功利主義的な倫理と社会の構想を練り上げていたのとほぼ同時期に、カントは別の仕方で倫理と共同体のイメージを具体化することを試みていたのである。

(2) カントと自由の倫理学

　功利主義的な潮流のなかで近代的な社会が形成されていく時代にあって、カントは『実践理性批判』(1788) などでこうした潮流に真っ向から対立する議論を展開した。彼は、時代に闘いを挑むかのように、利害関心をこえた「自由」を打ち立てようとしたのである。その闘いはある程度まで成功し、少なくともベンサム流の「機械仕掛け」のネットワークという社会にひっかき傷をつけたといえる。

　カントはその倫理学において利害関心の主体を拒絶し、何らかの関心に基づいて行われた行為をすべて、倫理的なものではなく一種の病理とみなす。たとえば正直に話すという行為も、それが利益をもたらすという期待や何らかの強制のもとでなされた時には病理的であるとされる。こうしてカントは関心に基づく行為を主観的で経験的なものであるとし、これに対して倫理をすべての人間に妥当する普遍的な「道徳法則」という観点から位置づけようとする。道徳法則とは倫理を規定する法則であり、カントはそれを無条件に「すべし」と命じ、にもかかわらず明確な命令内容をもたない「定言命法」として捉え返す。道徳法則が何らかの条件や内容をもつなら、その普遍性が損なわれてしまうからである。そのような定言命法に、利害関心によってではなく、ただ「尊敬の念」あるいは「内なる声」にのみ導かれて従うことこそがカントにとって倫理的なのである。

　このようなカントの議論は、個人の利害関心の外側に絶対的な自由の領域を確保することをめざしている。カントによれば関心はどのようなものであれ、「ほめられたい（理由）から正直に話す（結果）」というように、快感と不快の水準における主観的で経験的な因果の連鎖を形成する。したがって利害関心に基づく行為は、因果性によって規定された不自由な行為である。これに対して倫理的行為をうながす「尊敬の念」ないしは「内なる声」とは、因果的な関係によっては説明することのできない、自分自身にとってすら不可解な仕方で湧き上がってくる意志である。そのような意志こそが因果的な連鎖を中断させ、いわば未規定な原因、カントの言葉を用いるなら「自由としての原因性」としてはたらき、具体的な原因や条件によらない絶対的な「自由」を可能にするの

である。

　こうしてカントは、自己愛的な利害関心の主体のうちに余剰としての自由な意志を見いだし、この意志を介して経験的な世界から離脱することを倫理的であるとして断固擁護する。その意味でカントの試みは、アウグスティヌス的な神への愛をめぐる議論を独自の仕方で変奏したものだといえる。とはいえアウグスティヌスにおいては、超越的なものとしての神がすべての原因としてあらかじめ前提とされている。これに対して、カントは超越的なものを前提としない。むしろカントの倫理的主体は、自己のうちに湧き上がる不可解な意志を契機として、快感と不快の因果的な連鎖を中断し、これによって超越的なものの領域を内側から切り開くのである。精神分析家のJ. ラカンは「カントとサド」（1962）という論文において、カントにおける自由な意志を、いかなる対象ももたず、個人をただ離脱へとせき立てる「欲望」として把握し、カント的主体はその中核に自己にとって異質な欲望を刻まれた「分裂した主体」であると論じている。自己の分裂によって、自己自身から離脱し、「機械仕掛け」のネットワークのうちに間隙を作りだす、それこそがカントの倫理的主体である。

　このようなカントの分裂した主体は、ベンサムが論じたような利害関心の主体たちによる交換と競争の社会のうちには取り込むことができない。そこでカントは、交換と競争に基づく社会の外で別種の社会ないしは共同体を構想する。それは、各人が手段としてではなく目的自体として扱われ、各人が「立法者」であり「元首」であるような「目的の国」である。ここでカントが定式化しているのは、利害関心の因果的な連鎖や交換による結びつきから離脱していく主体どうしの出会いから生まれる共同体であり、いかなる利害関心にも基づかない偶発的な結びつきとしての共同性であったといえる。

　カントはこのような共同体を、とりわけ小論「啓蒙とは何か」（1784）において、当時雑誌やサロンなどにおいて形成されつつあった自由な議論の場（公衆による公論の場）のうちに見いだしているように思われる。カントによれば、そうした自由な議論の場で、個々人は職業や役割から離れ利害関心から脱し、あらゆる人に向けて語る、いわば「世界市民」として語るのである。そこからカントは、理性や知に基づいた革新を表す言葉として当時流行していた啓蒙と

いう語を読みかえていく。すなわちカントにとって啓蒙とは、人々が自由な議論の場を介して自らを世界市民として形成し、それによって他の人々を世界市民へと誘うそのプロセスである。カントの「目的の国」は、このような啓蒙のプロセスのうちに見いだされる人々の結びつきによって実現されるといえる。

　因果の連鎖と交換の結びつきから離脱していく主体たちの利害関心なき出会い、それは19〜20世紀を通じて、ベンサムが構想したような交換と競争という結びつきとは異なるもう一つの共同体のイメージを形成していくことになる。こうして18世紀末に、一方で機械仕掛けのネットワークとしての社会に接続する利害関心の主体たちの倫理が、他方でそこから離脱する分裂した主体たちの出会いの倫理が示されることになった。それ以後、G. W. F. ヘーゲル、S. フロイト、J. デューイらに至るまで、これら二つの共同体、そして二つの倫理をどのように調停するのかが一つの焦点をなし、そこにおいて人々の結びつきの新たな形式が探求されていくのである。

（3）フロイトと倫理の手前の倫理

　19世紀を通じて、利害関心の主体たちによる交換と競争の社会はその領域を拡大していった。そこでは不可避に生じる個人間の衝突や矛盾をいかに調停するか、そしてまた交換と競争以外の関係性をいかに確保するかが問題となった。ヘーゲルは利害関心の主体たちの社会を「欲求の体系」である「市民社会」として定式化し、そこで生じる種々の対立を国家という高次の共同体によって調停することを構想している。とはいえ交換と競争という結びつきの形式は暴走し、その結果、一方で大都市を中心に人々は個別性を失いながら陶酔的な群衆へと埋没し、他方で個人や人種の間の剥き出しの闘争が引き起こされていったように思われる。

　このような状況にあって、倫理と共同体を、その起源に立ち返り、根本的に捉え直そうとしたのがF. ニーチェとフロイトである。ニーチェは善や悪といった価値づけの根底に支配をめぐる闘争があることを暴露し、フロイトは倫理と共同体のはじまりに猥雑で残虐な出来事があることを示す。彼らは、倫理と共同体の起源にある、それ自体は非倫理的で非道徳的なプロセスへと遡行し

ながら、その起源において倫理と共同体のあり方を探ろうとしたといえる。以下ではとりわけフロイトの議論をたどっていこう。

フロイトは精神分析家として、人間の心のメカニズムを、快感を追求し不快を回避する「快感原則」という傾向のもとで把握する。その試みは、快感と不快をベンサム流の功利主義とは異なる水準に置き直すものであった。フロイトはまず「快感原則」を無意識との連関において位置づける。つまり、たとえ意識されずとも自己のうちのどこかで快感が得られているのである。彼はさらに「快感原則」がはじめから挫折を運命づけられており、それゆえ完全な幸福の実現は不可能であるとする。快感を追求し不快を回避する傾向のうちで何かが抵抗し、「快感原則」に機能不全をもたらすのだ。

個人を無意識という観点から捉え直すこのようなフロイトの議論は、利害関心の主体のうちに快感と不快の因果的な連鎖を中断する契機を見いだそうとするカントの試みを引き継ぐものだといえる。とはいえフロイトは、カントのようにそこに「自由」な意志を見るのではない。むしろ、「快感原則」の機能不全がいかにもたらされたのかを歴史的に探求し、倫理と共同体の起源を明らかにしようとする。こうしてフロイトは『トーテムとタブー』（1912）において、カントが非歴史的なものとした「定言命法」がいかに歴史的に成立したのかを示し、倫理と共同体の起源として、太古における父殺しという神話的な事件を再構成していく。フロイトによれば、太古において人間は小さな群族をなしており、そのなかでもっとも強い男が父としてすべての女を一人占めしながら自分の息子たちを追放していた。そこで追放された兄弟たちが共同して父を殺し食べ尽くした後、「同等の権利を有するメンバー」からなる「男性連合」を結成し、近親相姦の禁止をはじめとした規範を自ら定めた。つまり、父殺しの後で原初的な共同体が形成され、そこではじめて倫理ないし道徳が生じたとフロイトは説明する。

このプロセスに関するフロイトの説明において重要な役割を担うのが、アンヴィヴァレント（両価性）な感情の動きである。フロイトによれば、追放された息子たちは父に対して敵愾心(てきがいしん)と情愛という二つの相いれないアンヴィヴァレントな感情を抱いていた。息子たちはまず、力と女を占有する父に対して熱狂

と陶酔のなかで徒党を組み、父を殺して貪り食ってしまう。しかし息子たちの誰も父の座を占めることはできず、情愛の動きがあらわになり、その結果、敵愾心と情愛が共立する。いわば息子たちは、父を「敵＝よそもの」とみなし貪り食うような自己と、父を父として愛しその喪失を悲しむ自己とに分割されるのである。この意味でフロイトにとっての個人（individual）は、そもそものはじめからアンヴィヴァレンスにおいて分割（divided）されている。フロイトは、このような相いれない共立する自己の葛藤が極点に達した時、この葛藤を解消するために歴史上はじめて罪悪感が出現したと主張する。息子たちは父を殺害することで、自らの欲求や要求を満足させるのではなく、その逆に自ら罪悪感に服し、力への欲求と性的要求を断念することになるのである。

　こうしてフロイトは、カントが見いだした道徳法則に対する「尊敬の念」ないし「内なる声」を罪悪感として把握し、その根底にアンヴィヴァレンスにおける自己の分割と葛藤を見いだす。すなわち利害関心の主体にとって異質なものとしての「欲望」は、歴史的な起源をもつ。それは、熱狂と陶酔のなかで徒党を組んで自らの「敵」を貪り食いながら、そこで自己を二重化することで、貪り食われていく者を愛し、その喪失に悲しむ、そのような自己の分割と葛藤を解消することで生じるのである。そしてフロイトは、興味深いことに、第一次大戦の真っただなかに書かれた「戦争と死に関する時評」（1915）というテクストのなかで、私たちがこのような原初的な分割のうちにとどまるよう、暗にうながしている。

　フロイトはこのテクストを、西洋が道徳性の高みを達成したというのが幻想にすぎなかったと表明することからはじめる。フロイトによれば、戦時においてあらわになったのは、民族間の分断であり、他民族という「よそもの＝敵」に対する残酷さであった。群衆の暴力性と剥き出しの闘争が明白となり、西洋が獲得したと思われた道徳性は幻想として消滅したのである。このように剥き出しの闘争を引き起こす群衆の暴力性こそ、熱狂と陶酔のなかで徒党を組み「敵」を貪り食うという原初的な心性の残存物なのだといえる。そしてフロイトは戦時における大量の死を前にして『トーテムとタブー』の考察に立ち戻り、死者の傍らで人を引き裂くアンヴィヴァレンスについてさらに検討していく。

その考察が示唆するのは次のようなことだ。愛する人に対してであっても「敵」とみなし貪り食おうとする心性はけっして消えない。それゆえ、失われた道徳性を早急に取り戻せばよいという単純な問題ではない。むしろ熱狂と陶酔に満ちた群衆的な暴力性のうちに身を置きながら、そこで自己を二重化しつつ自らが貪り食ったものの喪失を悲しむこと、そのようにして自己のアンヴィレントな分割を耐えぬき、他者が「敵」であり同時に愛する者であるという他者の二重性に耐えぬくこと、フロイトはこのように主張して倫理の手前にとどまろうとしているように見える。それはおそらく倫理の手前で自己の分割と葛藤を反復しながら、そこで絶えず新たな倫理の生起を繰り返す試みである。このようないわば倫理の手前にとどまる倫理的なあり方は、群衆と剥き出しの闘争があらわになる19世紀末以降に生きる人間にとって可能な態度の一つだったのである。

4　20世紀以後の倫理と道徳

　前節で見たように、19世紀末以降の近代社会において交換と競争という結びつきは、一方で個別性を失った群衆を、他方で個人や人種の間の剥き出しの闘争を生みだしていった。そしてニーチェやフロイトの試みとは別に、デューイやC. S. パースらのプラグマティズムは個が集まった〈多〉とその集まりを全体としてまとめた〈一〉の関係を練り直すことで共同体や個人の捉え直しを試みていた。それは群衆と闘争の時代に、倫理と道徳のあり方を再考するもう一つの方法であった。以下ではまずデューイの議論を見ていこう。

(1) デューイの倫理と民主的コミュニティ

　19～20世紀の世紀転換期、伝統的なコミュニティの解体や大量の移民流入などにより、シカゴなどアメリカの大都市は混沌とした状態に陥っていた。そこでは人々が近代工業化世界への急激な移行によりその個別性を失いながら、都市という空間にひしめき合っていたのである。そうしたなかでデューイは多と一の関係を練り直しながら倫理と民主的コミュニティを構想していく。

デューイはまず、人間をありのままに観察することで、欲求それ自体に知性という理性的な働きが内在していると考えるようになる。彼によれば、欲求は実践的な活動において状況に応じて合理的に変化しながら現れてくるが、そうした変化を枠づけるのが潜在的な法則としての「性格」である。だが「性格」は個別的な欲求のあらわれとその満足から離れて存在するわけではない。それは個々の欲求が活動を通して満たされるプロセスにおいてそのつど実現され、さらに欲求のあらわれ方に沿って変化していくのである。

　このようにデューイは、功利主義的な利害関心の主体のうちに、利害関心を枠づけながら変化していく潜在的な「性格」という契機を導入する。それは剥き出しの利害関心を調整していく契機であり、その意味で「性格」は利害関心に還元できないものでありながら、利害関心それ自体に内在するものである。このような「性格」という法則こそが、カントの「道徳法則」のように、デューイにとっての倫理を形成する。すなわちデューイは、剥き出しの利害関心を肯定するのではなく、また固定された法則によって利害関心を抑制することを肯定するのでもない。むしろそのつどの活動において利害関心とこれを枠づける「性格」を、差異をはらんだまま連動させることに倫理を見るのである。そしてデューイはこのような観点から、共同体のあり方をも再構成していく。

　個人の「性格」が個々の欲求を枠づけながらそれを満たす活動に内在して変化していくものであるとすれば、個人の集合体であるコミュニティもまた個々人の「性格」を枠づけながらその「性格」が実現していく活動に内在して変化していく。つまり、個々の欲求の働きのうちにはそれを枠づける個人の「性格」が、そして個々人の「性格」のうちにはそれを枠づけるコミュニティが内在しており、それらすべてが実践のうちで互いに連動しながら変容するのである。このようにしてデューイは多数の個のなかに全体としての一がそれぞれ内包されているというイメージのもとで、枠づけられるものと枠づけるもの、多と一がけっして一致することなく入れ子状になって連動する共同体として民主的コミュニティを構想する。

　そしてデューイはこうした立場から、「真に私にとって善であるものはすべての人にとって善の結果になるに違いない」という「人類への信仰」、つまり「自

分と他者とは真の共同体を形成する」という証明不可能な信念が人間の活動を基礎づけていると宣言する［Dewey 1969, pp.320-321］。この一見奇妙な主張は、第2節の（3）で見たローマ帝国のアウレリウスにおけるコスモポリス的な倫理を思わせるものだが、それは単に私という個がそれ自体で共同体という全体に一致しているということではない。活動のうちで私たちは枠づけるものとしての共同体という全体を実現しつつ、それによって共同体自体が変容するのであり、そこには私たちと共同体の一致ではなく、差異をはらんだ連動があるのだ。

　このようにデューイは欲求と「性格」の連動のうちに倫理を見いだし、さらに個人と共同体の連動を民主的コミュニティとして捉え返すのである。したがって、個別性を失いながらひしめき合う群衆のなかで、個人がそうした群衆に埋没することなく、かといってそのような群衆から完全に切り離されることもなく、群衆の全体的な運動に枠づけられながら自己を全体のうちで区切り、そのような区切りの実践において全体を実現しつつ、しかも同時にそれを変容させていくこと、これこそ群衆の時代におけるデューイの倫理と共同体のあり方なのだといえる。そしてそれは、フロイトが歴史的な探求によって倫理と共同体の起源に自己の分割を見いだしたのとは別の仕方で、個人と共同体を新たに構想し、倫理を再構築する試みだったのである。

（2）コールバーグの倫理と「公正な共同体」

　二つの世界大戦の後、交換と競争を主とした近代的な社会は、群衆と闘争の時代を経由して、一方では価値観と枠組みの多様化に、そしてまた他方では技術と経済の専制へと向かっていた。そのなかで1970年代に、L. コールバーグは「公正な共同体(ジャスト・コミュニティ)」という概念を提出して、デューイとはまた別の仕方で倫理の再構築を試みている。彼はすでに1950年代に道徳的判断の形式にかかわる認知構造がどのように発達するのかを研究し、欲求に根ざした個人（利害関心の主体）が慣習を獲得し、さらには公正性を原理とした普遍的道徳性へと到達するプロセスを発達論的に描き出そうとしていた。ところがC. ギリガンは、コールバーグのいう普遍的道徳性が主として公正性という観点から考えられており、そのため必ずしも公正性に基づいているわけではない現実的な他者との

関係を低く見積もっていると批判する。そこから彼女は、人間関係や他者への責任を重視するケアの倫理を提唱した。コールバーグはこうした批判を受けて、公正性へと向かう個人の道徳的認知構造の発達のうちに他者への配慮を位置づけ、話し合いによって規範を定めていくような「公正な共同体」を掲げるのである。

　彼のこうした試みは、個人が倫理的な共同体を形成する契機を認知構造の発達のなかに見いだし、子どもであれ大人であれ、各人が全体のことを考慮しながら運営していく共同体をめざすものである。だがそれはまた、デューイが諸々の欲求と「性格」、個々人と共同体の間に確保した互いが変容する契機として多と一の間に用意した差異を均して、多数のものの集合を単に一つの全体として統一していくものでもあるといえる。であるならば、それは結果として、個々人の多様性を主眼として個人の欲求を肯定する個人主義か、他者へと配慮しながらも共同体において定められた規範に従うある種の全体主義かという二者択一を迫ることになるのではないだろうか。つまり多と一との関係性を捉え直すことなく個人の視点から共同体を構想することを試みたコールバーグは、結局は、多を尊重する終わりのない多様化か（個人主義）、一を尊重する群衆への埋没か（全体主義）を迫る利害関心の主体たちの社会へと溺れていくように思われるのである。

　したがって、デューイが多と一の差異をはらんだ連動という観点から個人と共同体を構想することで一つの新たな倫理的可能性を示すのに対して、コールバーグは多と一を捉え直すことなく個人の認知構造という観点から共同体を練り直すことで個人主義か全体主義の選択を私たちに迫ることになるだろう。そうであるならば、多様性を主眼とする個人主義と統一性をめざす全体主義の両方の限界に気づきつつある今、単に両者の折衷を図るのではなく、多と一の関係を捉え直し、いかなる統一性もない異質な人々の結びつきにおいて個人と共同体を構想することが必要であるように思われる。そのことは、差異をはらんだ人々の関係性を中心に個人とコミュニティそしてその関係を包括的に捉え直そうとするN.ノディングズらの「ケアリング」の倫理に対する近年の注目にも現れているといえるだろう。

以上のように見るならば、現在の日本の道徳教育に求められるべきことは多と一の関係を捉え直す作業ではないだろうか。冒頭で言及したように、現在の道徳教育は個人か共同体かという不毛な二者択一に陥っている状況にある。この状況に対して、現在、コールバーグのモラルジレンマなどを手がかりとしながら新たな方法論の模索によってそれを打開することが学校現場では試みられている。しかし、モラルジレンマという方法論の改善のみによって現状を打開することはできるのだろうか。というのも、ジレンマとして宙づりにされる個人か共同体かという二者択一は、それらの関係性を問い直さない限り、たとえジレンマを克服したとしても結局のところまたその二者択一に陥ってしまうと考えられるからである。したがって、方法論の改善だけでなく、個人とは何か、共同体とは何か、そしてそれらをどう関係づけるのかを今一度考えてみる必要があるのではないだろうか。換言するならば、いま道徳教育を考えるために必要なことは、「いかに道徳を教えるか」ではなく、「いかに道徳を考えるか」という根本的な問い直しであるように思われるのである。

（3）倫理と道徳の現在と未来

　こうしてニーチェやフロイトのように起源を探求する歴史学的試みとともに、デューイのように多と一の関係を捉え直す試みが、個人と共同体を構想し、新たな倫理ないし道徳の形を模索する主要な道筋の一つになっていった。20世紀の後半には、フーコーが、歴史的記述によって、近代的な共同体と個人が形成されるプロセスを描き出し、またJ. デリダが、思弁的考察を通して、倫理の起源に潜む絶対的な暴力性を明らかにした。さらにG. ドゥルーズやF. ガタリは、生態学的レベルから多と一の関係を練り上げていった。これらの試みは、歴史的な探求と多と一の関係の練り上げという二つの思考を独自の仕方で絡ませながら、共同体と個人のあり方を捉え直し、他者との新たな結びつきを発明しようとするものである。そしてそれらは、今日の私たちにこれからの倫理と道徳を考えるための手がかりを与えてくれてもいる。

　私たちが本章で見てきたのは、各々の時代において倫理的ないし道徳的な試みが、共同体の秩序維持とかかわりながら、同時に、それまでの社会関係から

離脱する契機を模索し、個人と共同体のあり方を構想し直す試みであったということである。プラトンのイデア、アリストテレスの知者、アウグスティヌスの神への愛、カントの自由、フロイトにおける自己の分割、そしてデューイの性格、それらはいずれも人々に、これまでとは異なった仕方で自己を形成し、他者との関係を結ぶことを促すものであった。すなわち本章で概観してきた数々の試みは、過去の営みを反復し変奏しながら、「別の仕方」へとせき立てる何かを各々の時代状況のなかで探求してきたのだといえる。しかしそれは、何らかの同一性に基づいた反復ではなく、「別の仕方」へせき立てる何かという未規定なものを、そのつど一つの具体的な形として実現しながら繰り返していく、そうした反復である。であるなら私たちもまた、過去の視点と結びつくことで、冒頭でさしあたり《現実的なもの》の凄惨な光景と名づけた何かにせき立てられながら、これに形を与えつつ倫理と道徳を新たに練り上げる試みへとすでに歩み出しているはずである。

注

●◆1　コールバーグは、ピアジェの認知発達論をもとに、正義推論(ジャスティス・リーズニング)に関する認知構造の発達段階として道徳性発達理論を提起した。それは3水準6段階から構成され、不可逆的かつ普遍的な発達とされる。この発達段階では道徳的判断がどれだけの範囲の人に対して通用するかどうかによってその水準が決まり、モラルジレンマという契機を通してその水準の向上が促されるという。近年の道徳教育において流行しているモラルジレンマ授業というものは、彼のこうした初期の思想によるところが大きい。

参考文献

アリストテレス／山本光雄訳『政治学』岩波書店、1961年。
アウグスティヌス、アウレリウス／服部英次郎訳『神の国　五』岩波書店、1982年。
カント、I.／波多野精一・宮本和吉・篠田英雄訳『実践理性批判』岩波書店、1979年。
カント、I.／篠田英雄訳『啓蒙とは何か』岩波書店、1981年。
コールバーグ、L.／岩佐信道訳『道徳性の発達と道徳教育――コールバーグ理論の展開と実践』広池学園出版部、1987年。
永井義雄『ベンサム』研究社、2003年。
プラトン／久保勉訳『ソクラテスの弁明／クリトン』岩波書店、1964年。

プラトン／藤沢令夫訳『国家（上）・（下）』岩波書店、1979年。

フロイト、S.／須藤訓任・門脇健訳『フロイト全集　一二巻』岩波書店、2009年。

フロイト、S.／新宮一成・田村公江ほか訳『フロイト全集　一四巻』岩波書店、2010年。

フーコー、M.／慎改康之訳『生政治の誕生――コレージュ・ド・フランス講義 1978 ‒ 1979年度』筑摩書房、2008年。

ラカン、J.／佐々木孝次ほか訳『エクリⅢ』弘文堂、1981年。

Dewey, J., *The Early Works of John Dewey vol.3,* Carbondale : Southern Illinois University Press, 1969.

【渋谷　亮・國崎　大恩】

第Ⅱ部

学習指導要領の
教育哲学的解題

第3章　人とのかかわりと道徳

自分、他者、そしてメディア●

　現行の学習指導要領では、小学校・中学校ともに、道徳教育の内容を以下の四つの視点で整理している。
1　主として自分自身に関すること。
2　主として他の人とのかかわりに関すること。
3　主として自然や崇高なものとのかかわりに関すること。
4　主として集団や社会とのかかわりに関すること。

　本章では、この四つの視点のうち、1の「自分自身に関すること」、そして、2の「他の人とのかかわりに関すること」について、考えていく。また、近年、人と人とのかかわりのあり様を大きく変化させているメディアについても触れる予定である。

1　学習指導要領に見る「自分」の位置づけ

(1) 要としての「自分」

　文部科学省発行の学習指導要領の解説では、先に挙げた四つの視点は、相互に深く関連をもつとされていて、特に、1については、「自律的な人間であるためには、1の視点の内容が基盤となって、他の三つの視点の内容にかかわり、ふたたび1の視点に戻ることが必要になる」と説明されている。つまり、1の「自分自身に関すること」は、他の三つの内容それぞれに対して基盤となるものであると同時に、三つの内容が最終的に反映されるところでもあるのだ。「自分」というものが、道徳の要として考えられているといえるだろう。

　「自分」を道徳の要とする考え方には、古くは古代ギリシア時代の哲学者たちも言及しているし、18世紀ヨーロッパではI.カントという哲学者が人間の

自律性と道徳的法則の分かち難い結びつきを明示している。これは、人類史において長い間、支持されてきた考え方だといえよう。

　日本社会では、第二次世界大戦以前は、天皇制、家父長制を支える社会規範に「自分」を適応（服従）させることが、日常のさまざまな場面での振る舞いに求められていた。「自分」を適応させる（コントロールする）という意味で、これも自分を要としているといえる。しかし当時、「滅私奉公」という言葉があったように、「自分」は「滅私」すべきもの、すなわち、消えてなくなってもよい（むしろ望ましい）とされていた点に、大きな特徴がある。

　戦後の日本の社会においては、「滅私」すなわち「消えて見えなくなっている自分」は、望ましいものとは考えられていない。天皇は象徴となり、男女平等が謳われ、個性尊重の教育理念が説かれている。現実には必ずしもそうした理想通りではないにしても、「自分」を尊重する傾向は、以前に比べて飛躍的に強くなったといえるだろう。

　学校教育において、道徳教育の指針が提示される際には、かつては、学習指導要領の社会科教育に関する長文のなかで折に触れて述べられていたり（昭和22年）、30以上もの項目が箇条書きに並べられていたり（昭和43年）していた。そののち、先に見たように四つの視点に分けられるようになり、四つの視点それぞれについて、本書の巻末資料にあるように、学年に合わせた項目が具体的に示されるようになった（平成元年）。このように、日本の学校教育における道徳は、「自分」を要とすることで、構造化して捉えられ、発達段階ごとにその内容が提示されるようになったのである。

　また、先の改訂において学習指導要領の道徳教育の目標には、「自己の生き方についての考え」を深めることも加筆された。何かに判断をゆだね、それに服従して生きるのではなく、自分を見つめ、自分で判断を下し、その結果を自分で引き受けて生きていくということ。ここでもやはり「自分」をしっかりともつことが強調されている。

（2）自分への配慮

　さて、学習指導要領解説の1「自分自身に関すること」では、たとえば小学

校高学年であれば、次のような具体的な項目が提示されている。

〔第5学年及び第6学年〕
1　主として自分自身に関すること
(1) 生活習慣の大切さを知り、自分の生活を見直し、節度を守り節制に心掛ける。
(2) より高い目標を立て、希望と勇気をもってくじけないで努力する。
(3) 自由を大切にし、自律的で責任のある行動をする。
(4) 誠実に、明るい心で楽しく生活する。
(5) 真理を大切にし、進んで新しいものを求め、工夫して生活をよくする。
(6) 自分の特徴を知って、悪い所を改めよい所を積極的に伸ばす。

ここでは、自分をよく知り、健やかな状態を保ち、何事にも前向きな姿勢で取り組むことが強調されている。身心が健やかで、気持ちが明るく前向きであること。それはたしかに、自分にとってよいことである。そして、英語でsmile magnetという言葉があるように、笑顔は笑顔を呼び、自分が健やかに明るく振る舞っていれば、よい雰囲気が作られ、周囲の人にもよい影響を与えるだろう。

反対に、不健康で不機嫌でいたり、無責任な行動をとることは、自分が不幸であるだけではなく、周囲の雰囲気を暗くしたり、他の人に迷惑や負担をかける場合がある。そして、体調が悪かったり、気持ちが後ろ向きになったりしていると、道徳的に振る舞うことは、それだけ難しいものとなる。

自分をよく知り、そして気持ちのよい状態に保つことは、自分にとってよいだけではなく、周囲の人にとってもよいことであり、またそれによって道徳的行為がスムーズに行われやすくなるという意味でも、とても大事なことだといえるだろう。

とはいえ、人はいつでも健やかに前向きに、明るくいられるわけではない。病い、老化、事故、災害、人間関係の軋轢など、さまざまなものが、私たちには降りかかってくる。そして、超越的なもの、たとえば神や自然や伝統は、そうしたさまざまなことの原因を、それらにゆだねさせてくれるものでもある。そこでは、多くの他者と共有される強力な物語（たとえば、災いは神の思し召しである、男性はむすっとしていて偉いものだ等々）が、理由や責任を引き受けるともなく引き受けて、人々の振る舞いを支えてくれるだろう。

しかしながら、自分で判断して生きていこうとするならば、自分にかかわるさまざまなことに対して、自身で事態のチェックと対策を行い、健やかさが保てるよう、自分で自分を管理する振る舞いがより重要となる。この１「自分自身に関すること」の内容に示されているように、自分が健やかで前向きな気持ちでいられるよう、自分で自分に配慮する生活を送ることが求められるのだ。

　しかしながら、どれほど自分に配慮を施したとしても、自分を完全にコントロールすることは不可能である。オートポイエーシス論では、人の身体のシステムと意識や認識のシステムは、別個に完結しているもので、その影響関係は、偶然的なインパクトの強さのようなものでしかないとしている。つまり、人間が頭でいくら考えてチェックと対策を行ったとしても、自分の心身のシステムのすべてを把握してコントロールすることはできないというのだ。また、深層心理学の知見を見れば、自分という意識に上らない、無意識としての自分の存在もあることが指摘されている。自分が意識してコントロールできない、まるで他人のような存在が自分のなかに息づいているともいえる。

　自分を知り、よい状態にしておくことは、道徳において重要なことであっても、それを常に全うするということが不可能な命題である。とすれば、自分に配慮するということは、自分へのチェックと対策を際限なく繰り返す無限ループに参入するということでもあるだろう。

　M. フーコーは、この「自分への配慮」について、近代社会に生きる人間が生みだした一種のテクノロジーであると指摘しているが、今日の日本社会を見てみると、自分への配慮を促進し、補助するような仕組みは、すでにでき上がっている。

　たとえば、社会保険制度によって、より多くの人々が自発的に医療サービスを受けやすい仕組みが作られているし、学校や会社では、定期的な健康診断がある。軽微な心身の不調に関しては、ドラッグストアに行けば、頭痛薬から痒み止め薬までさまざまな症状に応じた薬が並び、医薬品以外の癒しグッズも数多く売られている。カウンセリングに動物セラピー、本屋に行けば、よりよい自分になるための啓発本コーナー。自分に足りないスキルを補うための多種多様な資格スクール。気分転換の旅行、体力づくりのジムやヨガ教室、エステや

マッサージ業も盛んである。他にも、多様なロールプレイング・ゲーム等々、人々が、自分の心身を健やかに、そして快適に保つために日々利用しているサービスは数多い。

これらが持続的に発展しているのは、自分をよい状態にしておくことが今日の私たちにとって、そして社会において重要な命題だからである。そしてさらに、それが、自分へのチェックと対策を際限なく繰り返す無限ループの命題であるからともいえよう。

(3) 他の人とのかかわり

ところで、自分の状態のよさを保つことが、そのまま道徳的行為であるかといえば、必ずしもそうではない。自分への関心が利己的、自己中心的になりすぎてしまう危険性もあることは、想像に難くない。

学習指導要領の2「主として他の人とのかかわりに関すること」では、小学校高学年では、次のような項目が提示されている。

〔第5学年及び第6学年〕
2 主として他の人とのかかわりに関すること。
(1) 時と場所をわきまえて、礼儀正しく真心をもって接する。
(2) だれに対しても思いやりの心をもち、相手の立場に立って親切にする。
(3) 互いに信頼し、学び合って友情を深め、男女仲よく協力し助け合う。
(4) 謙虚な心をもち、広い心で自分と異なる意見や立場を大切にする。
(5) 日々の生活が人々の支え合いや助け合いで成り立っていることに感謝し、それにこたえる。

ここには、他の人の存在に敬意をはらい、感謝することが提示されている。
このことについて、アランが『幸福論』(1925/28) のなかで述べている具体例をひきながら、考えてみよう。アランは、次のような例を引いている。

> 人がいらだったり不機嫌だったりするのは、よく長時間立たされていたせいによることがある。そんな不機嫌にはつきあわないで、椅子を出してやりたまえ。
> [アラン 1998, 10頁]

社交場面で、いらいらしたり、不機嫌を振りまいたりすることは、道徳的に望ましいことではない。そして、アランが指摘するのは、そういう状況におい

て多くの場合に当人が口にする何かもっともらしい理由は、本当の理由でない場合が多いということだ。アランは、他人のもっともそうな意見につきあったり、不機嫌を非難したりするよりも、直接的な因果関係を解明して解決策を施す（椅子を出す）方がよい、という。

　これは、子どもがぐずったり、強情をはったりする場面を想像すると、考えやすい。お腹がすいた時、眠い時、子どもは自分の要求を直接いわないで（いえないで）、いらいらしてうまく遊べなくなり、おもちゃを投げたり、わがままをいったりすることがある。成長とともに、そうした傾向は薄まるのかもしれないが、しかし、大人であっても、似たような状況を体験することもあるのではないか。つまり、本人が気づけない本当の理由を、他者であるからこそ、冷静に見ることができたり、解決策を施すことができたりするということである。

　ここで、もしあなたが、立ちっぱなしで不機嫌に陥った「自分」であった場合（そして、その原因に自分で気づいていない場合）、椅子を差し出してくれた他者の行為を、どのように受け止めるだろうか。

　あなたの頭には別の理由があるので、どうして他者が自分に椅子を差し出したのかが、わからないかもしれない。あるいは、もしあなたが、前項で述べた、自分で自分の状態のよさを保つ無限ループの命題に従っている場合、他者から椅子を差し出されることは、自分のチェックと対策の不十分さを指摘されることでもある。人によっては、自分が非難されているように受け止める可能性もあるだろう。

　この時、表面的、あるいは形式的に「ありがとう」ということは簡単である。しかし、「ありがとう」といいながら、心のうちでは、次のようにつぶやいているとしたら、それは本当の感謝の気持ちだろうか。「なぜ今、椅子を出すのだろう。私の話をちゃんときいていないのか？」、あるいは「自分のチェックに怠りがあった。次からは迷惑をかけないように、もっと気をつけなくては」、または、「この人は、私にやさしくして優位に立ちたいのだ。心のなかでは私の愚かさを笑っているのだ」等々。

　もしあなたが、自分のチェックと対策はどんなに尽くしても万全ではないと知っている場合、そして、椅子に座って、ほっと一息ついて楽になったことを

認める時には、自ずと他者に「ありがとう」という感謝の気持ちが生まれるかもしれない。これは万全ではない自分を受け入れるということでもある。その時、人は、はじめて自分とは異なる視点をもつ他者の存在に気づき、また、他者が自分に手を差し伸べてくれることへの感謝の気持ちがわくのではないだろうか。

自分の気持ちや行為を振り返り、調整をしていくこと、いうなれば、自分に配慮をめぐらし、より道徳性を発揮しやすい状態に管理しておくことは、たしかに、自律的な自分の責任として重要である。しかしながら、ここで見たように、自分の限界に思いが至り、万全ではない自分を受け入れることも、同時に、とても重要なことだといえるだろう。

それは、自分という意識の外側に、他者が存在することを受け入れることであり、本当の意味で他者に感謝する気持ちは、そこから生じてくると考えられるからだ。次節では、この自分と他者の存在について、もう少し深く考えてみよう。

2　自分と他者

(1) 自分とは何か

それでは、あらためて「自分」とは、何だろうか。

もちろん、自分とは「私」のことである。私の名前はわかる。どこに住んで、毎日何をして暮らしている人間か、好きな食べ物、趣味、性格もそれなりにわかる。ところが、私たちは自分で自分がわからない、という状態になることも、時々あるように思われる。

自分を要とする道徳の観点から考えると、この自分が自分でわからないという状態は、あまりよい状態ではない。ものごとを理性的に判断することや、責任を全うすることが、難しい状態だと考えられるからだ。

しかし、そうであってもやはり、私たちは、24時間ずっと自分をしっかりもっているわけではない。就寝時はもちろん、お酒に酔って前後不覚になることもあれば、病気などの原因で意識がはっきりしないこともある。こうしたこ

とは、たとえば法律に反映されていて、病気などによって責任能力がなかったと認められた場合は、罪を免れることになっている。

しかし、泥酔や病気とまでいかなくても、不安や焦りにかられる時や、あるいは何かに没頭する時にも、私たちは我を忘れてしまうことがある。また、ふと、自分とは何かと考えて自分探しをはじめると、まるで玉ねぎの皮むきのように、それはどこまで問うても、種や核となるような確実な答えに行きあたらない問いであると気づかされる。

このような、考えてみるとあいまいな自分という意識を、人はいつからもつのだろう。

生まれた時、人の意識は母子未分化だと一般にはいわれている。赤ちゃんは、自分とお母さんとの個体区別を認識しない。つまり、「自分＝お母さん」であり、「お母さん＝自分」なのである。そして、いつからか、自分という一存在があることを理解する。そして、それは同時に自分とは異なる他の人が、世界にいることを理解していることを意味している。

そして、他の人と世界を気持ちよく共有するための知恵や工夫を、私たちは身近な他の人から、日々の具体的な小さな行為を通して、一つひとつ教えられて育つ。おやつをもらって「ありがとう」。おもちゃの渡し合いをして「どうぞ」。まだ言葉も話せぬ幼子に、私たちの文化は、他の人とのやりとりの儀礼を、教える。この小さな行為の積み重ねによって、子どもは、自分と他の人との区別を明確にし、そして、他の人に対する感謝や譲り合いの気持ちを表現する型、すなわち儀礼を学んでいくのである。

こうしてみると不思議なことに、自分という意識や感謝の気持ちは、体験的には自分のなかからわいてくるように感じられるものであるけれども、実際には、他の人の存在があって生まれてくるものであるともいえるだろう。

(2) 他者について

さて、自分に先駆けて存在する他者がいてはじめて、自分が存在することがわかった。とするならば、他者は、自分よりも大事な存在だということだろうか。

たしかに、たとえば親が子よりも先に存在しているように、他者は、とりわけ子どもにとっては、自分に先行して存在している。そして、自分が、これらの他者との関係から形作られるのだとすると、他者は自分に先駆けて大事な存在だということになる。

　しかしながら、ふたたびよく考えてみよう。それら他者もまた、自分という意識をもち、他者に支えられて成立する存在である。たとえば、親は物理的存在としては子どもに先駆けてこの世に存在しているが、子どもをもってはじめて、親として生きることをはじめる。そう考えれば、親と子のどちらが先かといえば、これはどちらでもなく、同時に成立するもの、というしかない。友人との関係においても、自分が自分であり、他者が他者であるということは、まさに同時に成立するものとしかいいようがないだろう。私たちは、他者の他者となりながら、それぞれに自分という意識を析出して、かかわりを生きる存在である。いい換えれば、人と人とがかかわりあう場において、人は、お互いの他者となりつつ、自分という意識を生きているということだ。

　このような視点で捉えると、自分と他者のどちらが大事かという問いが、ナンセンスであったことがわかる。大事なものを挙げるとするなら、それは、自分や他者がただそこにいるという現象そのもの、ということになるだろう。

　そして、だからこそ、人と人とがかかわりあう場において、挨拶やマナーは道徳的行為の基本として重視されるのではないだろうか。挨拶やマナーは、自分と他者がその場に存在しているということの成立を、さりげなく、しかしいつも、そして、何度でもそのたびごとに繰り返し指し示す行為だからである。

　ところで、近年のメディア環境の目まぐるしい変化は、人と人とのかかわりのあり様にも大きな変化をもたらした。パソコンや携帯端末を使用して人々がかわす振る舞いは、挨拶やマナーを含んで、大きく変わってきているといえよう。

　メディア論者のN.ポストマンによれば、これは当然のことだといえる。ポストマンは、15世紀ヨーロッパにおける活版印刷という画期的なメディアの誕生は、近代社会の人々が身につけているおなじみの礼儀作法やマナー（性的なことやからかいを人前では慎む、他人のお皿から食べ物をとって食べない等々）が成

立する重大な契機であったと指摘している。活版印刷によって人々に起こった大きな変化は、本が身近になったということである。それによって、人々は、本を読める大人と読めない子どもの文化を分けるようになり、また、他者と異なる自分の内面を感じるようになった。これが、大人であることの節礼や自由や個人主義という考えを生みだす契機となったというのである。

　ポストマンの視点にならえば、今日の新たなメディアの登場によって、人々のかかわりのあり様は変化し、それに伴って礼儀作法やマナーとして求められる振る舞いも変化することは自然なことである。次節では、今日のメディアの影響について、考えてみたい。

3　メディアと人の弱さと悪

(1) 新しいメディア

　今日の子どもを取り巻くメディア環境を見ると、楽しいことばかりではなく、ネットいじめや学校裏サイトの問題など、緊急に対策が必要な問題が生じている。

　学習指導要領の総則では、配慮すべき事項として、情報モラルの育成が先の改訂において挙げられた。総則では、「各教科等の指導に当たっては、児童がコンピュータや情報通信ネットワークなどの情報手段に慣れ親しみ、コンピュータで文字を入力するなどの基本的な操作や情報モラルを身に付け、適切に活用できるようにするための学習活動を充実するとともに、これらの情報手段に加え、視聴覚教材や教育機器などの教材・教具の適切な活用を図ること」とされている。

　ここには、まず、教科学習の手段として新しいメディアを効果的に導入し、子どももそれらを使えるようにすることが望ましいということが示されている。情報モラルについては、用語だけが登場し、その内実はここでは明らかではない。

　道徳の章では、情報モラルについて、「児童の発達の段階や特性を考慮し…（中略）…道徳の内容との関連を踏まえ、情報モラルに関する指導に留意する

こと」とされている。このような文言が学習指導要領に提示されたことは、新しいことであるが、ネットいじめや学校裏サイトなどの具体的な問題については、触れられていない。

　ネットいじめや学校裏サイトなどへの対応については、インターネットを通じて、情報を集めることも可能である。インターネットには、これらの問題に関する個人的な体験談（成功例や失敗例）や、さまざまな支援情報などがあるからである。具体的な問題状況に対する考え方や対策を知ることができるし、予防的な知識を得ることも可能である。くわしくは、本章の最後に、いくつかの関連ページのアドレスを掲載しておくので、そちらを見てほしい。

　これらのサイトなどでも、もっとも基本的な対策として挙げられていることの一つに、メディアの特性を理解することがある。メールのように、言葉だけのコミュニケーションは、悪い方向への誤解を生みやすいこと、インターネットのように規制の少ない場では、簡単に犯罪に巻き込まれてしまうこと、そして、自分にはっきりした悪意がなくても、相手に取り返しのつかない傷を負わせることが、ごく単純な操作でできてしまうこと（たとえば、悪戯でチェーンメールを送る、友人の写真をネットで公開してしまう）等々。これらのことは、子どもたちだけではなく、大人も当然、理解しておく必要がある。

　そしてさらに、教師や保護者は、多様なパーソナル・メディアが子どもを取り巻いている今日、彼らの交友関係を自然に把握することが、きわめて難しくなっていることを理解しなくてはならない。

　ある高等学校の教師の話では、勤務先の荒れ気味の男子校において、殴り合いの喧嘩はいまや珍しく、男子生徒たちは、教室のこちらとあちらにいてメールで喧嘩をするのだそうだ。教室内で殴り合いの喧嘩をすれば、その場にいる誰にでも、二人の緊張関係は明らかである。しかし、メールを通してのそれは、当人たち以外にほとんど気づくもののいない、無音の喧嘩となる。

　また、携帯電話を通じて生じたトラブルについては、プライバシーの問題があるので、本人が開示しない限り、教師といえども子どもの世界に自由には踏み込めない。それゆえ、子どもがショックを受けた時に、信頼できる大人がいて相談できるということが、とても重要になるだろう。

第3章　人とのかかわりと道徳

新しいメディアをめぐっては、学校にまかせず、保護者が責任をもつべきだという考えもある。あるいは、メディア業界が倫理規制するべきだという考え、そして、社会全体で考えなくてはならないという、これらを総和する考えもある。そのいずれも妥当性があるように思われる。ただし、この新しいメディアによってもたらされた変化を、私たち人間は、まだ正確にはつかんでいないという現実もあるのではないだろうか。新しいメディアがもたらした現象は、世界規模の大きいものであり、変化が速い上に、一人ひとりの生活場面の、非常に具体的で、微細なところで生起するという特徴がある。変化の予測は難しく、さまざまな問題に事後的に対応するしかないのが現状ともいえるだろう。

(2) 悪と弱さに対する洞察

　このような今日の社会における道徳には、かかわりに生じる人の悪、そして弱さを避けるだけではなく、それらを認識して対峙するための洞察が、必要ではないだろうか。なぜなら、道徳的によいとされる体験を積み重ね悪や弱さを憎み退けるだけでは、対応できない状況が増えているからである。

　自分も含めて、人の悪や弱さに向き合う体験の積み重ねによって、諸トラブルについても、人のもつ悪や弱さゆえの問題として、冷静に対処できるようになるのではないだろうか。

　発達理論で名を知られているE. H. エリクソンは、人の自我の発達を、ポジティヴな傾向がネガティヴな傾向を「ほんの少し上回る」葛藤体験の連続として捉えた。たとえば「基本的信頼」の感覚と「不信」の感覚との葛藤体験であれば、不信をぬぐい「去る」のではなく、不信感をもちつつも、それよりも少しだけ信頼を多く投げかける強さを得ることによって、人の自我は発達するという。

　この考え方によれば、子どもに道徳的によい体験だけをさせようとすることは、かえって道徳を平板なものにしてしまうだろう。それよりも、悪や弱さなどのネガティヴな体験に向き合うなかでポジティヴな感覚を育んでいく、そうしたプロセスが、今日の、悪や弱さに出会う機会の多い社会では、求められているのではないだろうか。

ところで、エリクソンは、自我の葛藤体験を引き起こすものとして、人と人とのかかわり、なかでも大人と子どもの非対等な異世代関係を考えていた。この異世代関係は、葛藤の種でもあるのだが、同時に、お互いの危機的状況を支えあい、virtue（徳ないし人格的活力と訳される）を獲得することを促す関係としても考えられるという。エリクソンは、それを「生き生きしたかかわり（vital involvement）」として提示し、異世代間のかかわりあいを、ライフサイクルと世代サイクルの嚙み合い（cogwheeling）として描出している。

　エリクソンがその研究を行った20世紀半ばと比べると、今日の社会は変化のスピードが格段に速く、先行世代の知恵が次世代でそのまま通用しないことも多い。子ども時代にインターネットというメディア環境のなかった人々が、ネット社会を生きる子どもを教育しなければならないのである。そして、インターネット上の人の悪や弱さの氾濫を見るならば、試されているのは、まず、私たち大人自身だともいえるだろう。さまざまなメディアを通したかかわりにおいて、人の弱さや悪に、私たちはどのように向き合い、つきあい、対処することができるのか。その知恵を生みだし実践していくことには、やはりエリクソンが指摘するように、大人世代と子ども世代のそれぞれのvirtueを強めていく可能性があると期待したい。

参考文献

アラン／神谷幹夫訳『幸福論』岩波書店、1998年。
エリクソン、E. H.／村瀬孝雄・近藤郁夫訳『ライフサイクル、その完結』みすず書房、1989年。
カント、I.／篠田英雄訳『道徳形而上学原論』岩波書店、1960年。
フーコー、M. ほか／田村俶・雲和子訳『自己のテクノロジー』岩波書店、2004年。
ポストマン、N.／小柴一訳『子どもはもういない』新樹社、2001年。
山下和也『オートポイエーシスの教育』近代文芸社、2007年。
鷲田清一『じぶん この不思議な存在』講談社、1996年。
◆ネットいじめや学校裏サイトに関する参考webページ（2012年7月現在）
「いじめと戦おう！」 http://www.ijimetotatakaou.com/
『「ネット上のいじめ」に関する対応マニュアル・事例集（学校・教員向け）』平成20年11月 文部科学省　http://www.mext.go.jp/b_menu/houdou/20/11/08111701

/001.pdf
「ドーなってるの？学校裏サイト」　http://www.donanourasite.com/
全国webカウンセリング協議会　http://www.web-mind.jp/net/

【谷村　千絵】

第4章　道徳教育と自然とのかかわり

1　自然への親しみ

　　祝婚歌

二人が睦まじくいるためには
愚かでいるほうがいい
立派すぎないほうがいい
立派すぎることは
長持ちしないことだと気付いているほうがいい
完璧をめざさないほうがいい
完璧なんて不自然なことだと
うそぶいているほうがいい
二人のうちどちらかが
ふざけているほうがいい
ずっこけているほうがいい
互いに非難することがあっても
非難できる資格が自分にあったかどうか
あとで
疑わしくなるほうがいい
正しいことを言うときは
少しひかえめにするほうがいい
正しいことを言うときは
相手を傷つけやすいものだと
気付いているほうがいい
立派でありたいとか
正しくありたいとかいう
無理な緊張には

色目を使わず
　　ゆったり　ゆたかに
　　光を浴びているほうがいい
　　健康で　風に吹かれながら
　　生きていることのなつかしさに
　　ふと　胸が熱くなる
　　そんな日があってもいい
　　そして
　　なぜ胸が熱くなるのか
　　黙っていても
　　二人にはわかるのであってほしい

　飾りのない素朴な詩だと思う。最近知った詩なのだけれど、実はけっこう有名なものであるらしい。もともと、当時40代後半だった詩人の吉野弘が、若い姪御の結婚を祝って贈った、という詩である。彼は、この詩が民謡のようなものであってほしいと考えているそうだ。民謡というのは、作者の個性を表すものでなく、ふつうの人々の生活心情に寄り添うものであるがゆえ、広く長く人々に歌い継がれゆくものだろう。この詩の作者は、この詩がそういうものとして受け入れられればいいな、というのである。実際この詩には人々の琴線に触れる魅力があり、結婚式で読まれたりすることも多いようだ。生きている年数が増えるにつれ、自分の経験とこの詩がだんだんつながってくる。それに応じてこの詩が、普遍性のある生活実感を伴って心に語りかけてくる「民謡」のように感じるようになるのである。

　さてこの詩には、二人が睦まじくあるための「助言」が並んだ後で、最後に仕上げのタッチが加わっている。つまり「ゆったりゆたかに／光を浴びているほうがいい／健康で風に吹かれながら／生きていることのなつかしさに／ふと胸が熱くなる／そんな日があってもいい」と、ここの部分で、全体が自然のなかへ溶けていくのである。睦まじい二人がいて、その二人の生命がさらに自然とも睦まじくあるというところまで深められることで、祝福すべき幸福の像が完成されているようだ。

　「祝婚歌」が示すこの幸福のイメージは、私たちの文化のなかで、形を変え

❶久隅守景「納涼図屏風」(国宝)。所蔵：東京国立博物館、Image：TNM Image Archives

て繰り返し出会われるものでないか。たとえばこのイメージは、久隅守景の「夕顔棚納涼図屏風」にも見つくように思う（❶参照）。これは地味ながら、一度目にすれば忘れがたい不思議な絵である。江戸期に描かれたこの絵は先の詩にまして有名なもので、しかも国宝だから、誰もが一度はどこかで目にしたことがあることだろう。夕顔——今は瓢箪といっている——の下に涼む家族の絵である。藁葺きの簡素な家屋の横に、竹で作った棚が張り渡してあり、そこを這って生い茂る夕顔の葉の蔭に、くびれた実がぶら下がっている。棚下の筵に、三人の農民の親子がそれぞれの姿勢でくつろいでいる。ひきしまった身体に苦みばしったような顔つきで、片肘をついて横たわる男。行水後の洗い髪ら

しい、ふっくらした半裸の若い女。あどけなさが残る子どもは、夫婦に挟まれて顔を出している。そして寄り添う三人は、口元にかすかに笑みを見せて一所を向いている。彼らがゆったりと目にしているのは、暮れゆく空にしだいに明るさを増す満月だ。

　この「納涼図」には、テーマとなっている歌がある。歌人　木下長嘯子(ちょうしょうし)による歌である——「夕顔のさける軒端の下すずみ男はててれ女はふたの物」。「ててれ」は襦袢で、「ふたの」は腰巻のことだが、長嘯子はこの歌に添えて、「右天下至楽也」と書き残している。久隅守景は、この「至楽」を絵に象ったのである。守景の「納涼図」は人気が高い絵だが、それはやはり、これが幸福感を漂わせているからだと思う。一日の農事の後、食事も済ませ、睦まじく涼む家族たち。そしてその一家を包むように、茫漠と広がるのどかな空間。画中に身を投じれば、余白部分に、世界の具体的な感触が立ち上ってくる。それは土の匂いや植物の湿り気、草を揺らす風、虫の声であったりする。そこには守景が幾作も描いた「四季農耕図」に表されるような季節の移ろいの一場面があり、人々が日々向き合う自然の世界がある。その自然のなかに、彼らは自足し、安居しているのである。

　「祝婚歌」であれ「納涼図」であれ、共に暮らす人が、自然とも調和しているその先に、「至楽」なり「なつかしい熱い気持ち」なりがある。なぜ幸福のイメージに自然が登場するのだろう。簡単にいえばたぶんそれは、人は自然を慕うものだから、なのだろう。どれほど文明が複雑化しようと、人は結局は、自然の摂理のなかで生まれ、生きて、死ぬ。自然は万有の懐、私たちの原郷であり、母郷である。あらぶる自然は恐ろしい。しかし自分がそこから生まれ、そこにいずれ帰る自然には、人はあたたかなイメージを抱き、それを懐かしく思うのだろう。だから人は「祝婚歌」や「納涼図」に惹かれるのだろう。

2　道徳教育と自然

　では現実の世界において、私たち人間は自然とどんな関係を結んで暮らしているのだろうか。そしてその関係にはどんな心配りがあるべきなのだろうか。

これを道徳教育とつなげつつ、考えていきたいと思う。

　学習指導要領は、道徳教育の視点を四つに分けている。四つのうち三つめの視点は、「主として自然や崇高なものとのかかわりに関すること」、となっている。これは、道徳教育は一つには、人間と自然との関係を見据えながら行う必要がある、ということだ。この章では以下、主にこの視点を扱うつもりなのだけれど、この「自然とのかかわりの視点」について、学習指導要領は具体的にはどんなことをめざしているのだろう。具体的な目標は、小学校1・2年／3・4年／5・6年／中学校という区切りごとに定められている。学年によって目標が刷新されるのでなく、同一の価値を学年ごとに深めて学ぶことが意図されているため、内容は互いに大差ない。たとえば小学校第3学年・第4学年でめざされている内容を見るなら、それは以下の通りである。

　　⑴ 生命の尊さを感じ取り、生命あるものを大切にする。
　　⑵ 自然のすばらしさや不思議さに感動し、自然や動植物を大切にする。
　　⑶ 美しいものや気高いものに感動する心をもつ。

前後の学年でも、同様の目標が、異なる言葉遣い・抽象度で掲げられている。
　これらの目標を達成するとは、どういうことだろうか。私たちの母郷である自然を、またそこに棲む生命を大切にする、とはいっても、いざそれを実践するとなると、きれいごとでは通せない。たとえば「命は尊いものだから、動物であれ虫であれ、隔てなく慈しまねばならない」という考えがあろう。しかし私たちは実生活で、常にそういう優しい態度で命あるものに接しているわけではない。人は自分の都合で、動物を殺して食べたり、製薬実験に利用したり、剥いだ皮を身にまとったり、いやな虫を叩き潰したりしている。大切にする相手が人間の時、こういった行為はもちろん許されない。しかし（学習指導要領が大切にすべきだという）他の生命に対しては、してもよいのだろうか。
　さらに私たちは、現代社会のなかで「誰もがしている」ごく「ふつうの暮らし」をする、ただそれだけで、かなりの負荷を自然環境に加えている。つまり大量生産の社会は、不要なものをも大量に生産することで環境に負担をかけ、また大量の廃棄物を出すことでも環境に負担をかけている。結果、自然の光景

は損なわれ、原生林や里山は減り、姿を消す生物は後を絶たない。こういう現実を踏まえるなら、私たちは、自然や命を大切にしよう、尊ぼう、という道徳教育の目標と、どう向き合えばいいのだろう。

3 『いのちの食べ方』を観る

現代人は、人間と自然とのかかわりについて、そもそも無自覚的であるのかもしれない。『いのちの食べ方』という、割と最近ヨーロッパで作られた映画がある。「食べる」ことは生きることの基本であるけれど、この映画は人間と自然のかかわりを、食という観点から考えるきっかけを与えてくれるのでないかと思う。

原題は『Our Daily Bread』で、「日々の糧」という意味である。この題はキリスト教に結びつくもので、聖書には「私たちの日々の糧をきょうもお与えください」という、食料についての祈りがある（マタイ6：11；ルカ11：3）。神様が与え給う日々の食べ物は、現代社会ではどこで得られるのかというと、それはスーパーマーケットやコンビニやファストフード店などだったりする。そこには清潔にパックされた——原姿を留めない——食材や、出来合いの食品が売られている。けれどもそういった店に届くまでは、現代の食料はどのように生産されているのだろう。——この映画が見せてくれるのは、そのあたりの事情だ。

通常のドキュメンタリーと違って、この映画にはナレーションが皆無なのが一風変わっている。インタビュー場面も、ストーリーの展開も、音楽もない。食糧生産の現場で働く人々の作業風景が、作業音とともに、淡々と紹介されるのみである。映し出されるのは、屋内外の広大な畑で栽培されるジャガイモやピーマンやトマトやヒマワリなどの収穫場面だったり、地下の岩塩採掘風景だったりする。特に印象に残るのは、動物たちの場面だ。すし詰めで肥育されているブロイラーたちは、機械のなかへ吸い込まれるように入っていき、出荷用の箱ごとに分けられる。鳥たちは処理工場で鈴なりに宙吊りにされ、放血され、羽をむしられ、首を切られて作業が進む。魚も豚も同じである。最後の場面では、牛が電気ショックで気絶させられ、逆さ吊りになり、首にナイフが入

る。血と胃の内容物が滝のように流れ落ちる。皮を剥がれ、電動ノコギリで左右真っ二つになる。目にすればやはり、動じないではいられない。ただし映像からは、人間の非道を告発する、といった独善的な姿勢はうかがわれないように思う。ただ事実が映されているだけなのである。そして解説がない分、見る側がそれぞれに、映像に対して自分の解釈を与えることができるようになっている。押しつけがましさがない点で、映像には好感がもてる。

　このドキュメンタリーを学生たちと一緒に見たことがある。以下、感想のいくつかを紹介する。

　　○とても興味深かった。現代人にとって、生き物を殺して食べているという感覚がどれほどあるだろうか。昔は家でニワトリなどを飼っている家も多く、自分の父もニワトリを殺した経験があると話してくれたが、現代人には、特に都会に生活する人には、そんな経験はおそらくないのではないだろうか。
　　○……牛・豚・鶏をはじめとした普段食べているものに対する見方が少し変わった。なんとなく今まで、あんなことを経てスーパーに並んでいるんだろうなということはわかっていましたが、実際映像として見てみると衝撃は大きかったです。もっと他の生命に感謝しながら生きていかなくてはいけないなと思いました。
　　○……肉を解体するところなどは目を伏せたくなった。しかしふだん調理し食べている肉は、もともとはすべて生きていたということを、ほとんどの人はあまり意識していないと思う。動物の命を犠牲にしてステーキやハンバーグやからあげを食べている、と知ることはとても重要だと思う。生き物の命を犠牲にして自分たちは生きていると認識することは大切だ。

　これらは感想の一部にすぎない。が、そこからもうかがえるように、この映画は少なくとも、毎日の食卓に並ぶ栄養物質がかつて生き物であったことを思い起こさせてくれる。

　その生き物たちが淡々と処理されていく無言の儀式のような映像を見ていると、なんとなく厳かな気分になる。しかしこの映画から生まれるその気分には、一種の違和感も混じっている。そしてその違和感は、映像が基本的に食料の工場生産の様子であることから来ているのだと思う。植物工場には、「お百姓さんが手塩にかけて野菜を育てる」といった、作物に対する細やかな感情は見えないのである。巨大なハウスのなか、ピーマンやトマトは、土のない人工培地に植えられ、栄養液で水栽培される。そして宇宙服のような防備服を着た

人が農薬散布の装置を操り、レールを走る運搬車に乗って作業員が作物を収穫するのだ。また畜産工場では、コンベアで運ばれる大量のヒヨコが生きたまま、黄色いテニスボールのように機械からケースに投げ出され、仕分けられていく。屠蓄された豚は大型コンベアでつぎつぎと運ばれ、後脚で吊り下げられ、機械で腹部を自動切開され、内臓を取り出され、ガムを嚙みながら待ち構えている作業員に動力ばさみで前脚を切断される。太いホースで海から引き上げられた鮭は、コンベア上でつぎつぎと自動機械に腹を割かれ、ぴかぴかの金属吸引機で内臓を吸い取られる。万事がこういう調子なのである。

　見えるのは、人間が生き物を操り、支配している世界だ。食料工場の合理的な生産管理に支えられて、動物も植物も手際よく処理されていく。作業員は無表情で、防音ヘッドセットをつけ、もくもくと流れ作業をこなしている。人が作りだした生産機構は、処理される生き物だけでなく、そこに働く人間もまた統御している。そして工場での食料の効率的な大量生産は、現代社会が要請するものなのである。食料工場がなくなれば、多くの人の食生活が立ち往生するだろう。このドキュメンタリーは、現代的食料生産の現場を映すことで、食卓に並ぶ料理がかつて生き物であったことを思い起こさせてはくれる。しかし食料工場の無機的な映像からは、それらの生き物にあるべき「生命の尊さ」らしきものを感じるのは難しかった。この映像のなかには、道徳教育がめざす「生命の尊重」という価値は、「見当たらないことによって露わになる」という、負の形でしか存在しないと思うのだ。

4　魂に対する態度

　人間と他の生命の間に成り立ちうる関係について、他にどういう形がありうるのだろうか。いくつか例を見てみたい。下に登場するのは、それぞれよく知られた例である。

イオマンテ

　アイヌは、北海道を中心とする日本の北方地域に古くから住んできた人々で

ある。彼らが伝統的に行っていた祭礼に「熊送り」「熊祭り」というものがある。この祭礼では、準備された熊を殺して解体することが行われる。殺す時には、矢を射る、首を絞める、などの方法がある。この熊送りを、野蛮という人もいる。たとえば昭和30年に、北海道知事が次のような通達を出している。

　　生きた熊を公衆の面前に引き出して殺すことは……同情博愛の精神にもとり野ばんな行為であるから廃止されなければならない。

　この通達そのものは2007（平成19）年に撤回されたけれども、そもそもは――他の文化と比して――何が野蛮と思われたのだろうか。生き物を殺すことだろうか。それとも生き物を殺すことを「公衆」が見ることだろうか。ともかく、私たちもやっぱり動物を殺して、その肉や皮を利用する。同じように、アイヌの人たちも熊をはじめとする動物を利用する。では――現代の私たちと比べることにして――食料工場に象徴される私たちと動物の関係と、アイヌ文化における人間と動物の関係には、どこか違いがあるのだろうか。あるとすれば、どこが違うのだろう。

　アイヌの世界観によれば、世界は三つに分かれているそうだ。それらは①カムイモシリ（天上界）と、②アイヌモシリ（地上界・人間界）と、③ポクナモシリ（地下界）である。人間（アイヌ）が住むのはアイヌモシリであり、人間にない特殊な能力を備えた神（カムイ）が住むのはカムイモシリである。天上界では人間と変わらぬ姿で暮らしているカムイは、地上にもやってくる。そして人間界を訪れる時は、自然の諸物に姿を変えるのである。それゆえアイヌモシリでは、山も川も動物も魚も虫も草も、カムイ（の化身）なのである。カムイは自然の姿を通して、人間に自然の恵みを与えてくれる。その一方、病気や災害などの害や罰をもたらすこともある。そのようなカムイに対し、人間は感謝や抗議を示すのであり、カムイは人間の意を受けて、自らの振る舞いを見直したりもする。このようにアイヌの世界観では、カムイ（＝自然）と人間は互いを慮って暮らすものなのだ。（ちなみにポクナモシリは、死んだ人間が（アイヌモシリへ再生するまで）住む世界である。）

　アイヌにとっては、熊もまたカムイだ。それは熊の肉・肝・毛皮を土産とし

て身にまとい、人間界を訪れる客人なのである。そして熊送りは、熊の身体を脱いだカムイを神の国へ見送る「イオマンテ」という儀式の代表格となっている（熊のイオマンテ以外にも、梟、鷹、狐、等々のイオマンテがある）。熊送りで送られるのは、子熊である。アイヌたちは、冬眠中の熊の母子を捕えた場合、赤ん坊熊を１年から２年、家族同様に、あるいは家族以上に大切に育てるのだが、祭礼は、そうやって育てた子熊を殺すことで、熊の身体と霊を分離させ、その霊をカムイモシリに送り返し、再訪を祈るものなのである。この祭儀で丁寧に送られたカムイは、アイヌモシリで楽しく過ごした日々を仲間に聞かせる。すると他のカムイたちは、それなら自分も熊の姿で人間界を訪れてみようか、という気になるという。

　祭礼までには、いろいろな準備がある。祭礼自体も数日かけて催される。情の移った熊を殺すことに、心痛するアイヌもいるそうだ。しかし祭儀の考えでは、子熊はむしろ親の国へ帰る喜びを感じているはずなので、なるたけ楽しく送らねばならない。熊が死んだ後には胡桃などを撒いて、「人間の国は豊かないいところだった」と思ってもらう。その後解体されるのだが、すでに身体から遊離した熊の魂は、自分の頭の耳と耳の間にとどまって、その後の儀礼の一部始終を見届けるという。頭部をつけて剥がされた毛皮は丁寧にたたまれ、屋内の上座に置かれて宴がはじまる。翌日には、頭部を切り離して化粧を施す。飾られた頭部を木に乗せ、着物を着せ、土産をもたせる。そして熊祭りの終わりの日には、帰る方角の空に人間が清めの矢を放ち、カムイはそれを追いかけるように神の国へと発つのである。

　このように熊送りでは、殺される熊は、たいへん心のこもった扱いをうける。アイヌにとって、食べ物はカムイの贈り物なので、自然界より自分たちに必要な分だけを取る。なので現代社会に見られる食料の過剰生産やその裏返しの大量廃棄は、伝統的アイヌの生活ではありえない。なにより、贈り物である動植物には魂が宿っていて、それを丁寧にもてなさねばならないという信仰が浸み込んだ生活形式が、工場生産における人間と食料動物との関係と大いに違うところだ。私たちは、「何とぞ／怒りの心／腹立ちの心を／おもちならずに／無事に／お眠りになって／お休みになり／ご出発してください」（祈り言葉の

一部）などと真面目に語りかけたりはしない。

鯨供養

　次は、本土に目を移すことにしよう。そこには、アイヌのとはまた違う伝統があった。つまりそれは、生き物の魂を元の住まいへ送り返すというのでなく、魂が未練や恨みを残さずあの世へ行けるよう、それを慰め、冥福を祈るという、供養の伝統である。供養の対象となった生き物は、牛馬、犬猫、猪、鹿、海亀、魚介、蚕、などといろいろである。それぞれ、人が生活のなかでかかわり合った生き物たちだ。鯨もまた、日本人の生活とかかわりの深い動物だった。以下では、鯨の供養に触れることにしよう。

　大きなものだと30mにもなり、鯨はその大きさだけでも怪異で神秘的な海の王である。そして海を生業にする人々にとってそれは、鰯などを湾内に追い込んでくれる有り難い存在であり、さらに鰯を餌にする鰹や鮪のような大きな魚をも伴ってくれる存在だった。つまり鯨がいれば魚も豊漁ということで、鯨は吉兆を意味していた。それゆえ海辺の人々は、鯨を海神、豊漁神の夷神として崇めたり、その使いとして敬ったりした（夷神とは外から訪れる神、烏帽子に釣竿・鯛のいでたちで今も馴染みのあの神様だ）。その鯨が、いつもと違う形で沿海に来ることがある。弱ったり死んだ状態で海に漂っていたり、浜に打ち上げられたりするのだ。人々は、そのような流れ鯨や寄り鯨を、沖へ放ったり、死んでいれば埋葬したりした。「鯨一頭で七浦が枯れる」ともいったらしく、海神に迂闊なことをすれば祟る、という考えがあったようだ。

　けれども人々と鯨の出会い方やかかわり方は、一様ではなかった。漂着する鯨を神として畏れるのでなく、それを海神からの「贈り物」として有り難く利用した地域もあった。鯨は捨てるところがないといわれ、そのすべての部位が、食料、燃料、細工材料、肥料、薬などになるのである。それゆえ、たまたま流れ着く鯨を利用するのでなく、「鯨組」という（水軍に発する）大組織による積極的な捕鯨も、江戸時代に発達した。鯨を大船団で網で絡めてから、銛を突き刺し仕留める方法が主流となった。一頭から多額の利潤が得られたため、「鯨一頭で七浦が賑わう」という、先とはまったく逆さの格言もあった。

さて、捕鯨をする地域では鯨の命に対し、どんな考えがあったのだろう。捕鯨地域にも、鯨への同情の気持ちがあった。特に子連れ鯨や孕み鯨に対し、そのような気持ちが強く現れた。たとえば『小川嶋鯨鯢合戦』という捕鯨図説がある。これは、200年ほど前に書かれたもので、鯨組主が神社に奉納したものでないかと推測されている。内容的には、現在の佐賀県唐津市沖にある、当時の捕鯨基地 小川島を舞台に、捕鯨を合戦に見立て、「敵魚」の鯨を討つ一部始終を活写したものである。勇ましさのトーンのなかに、哀れを誘う記述が見つかる。現代語訳で引用しよう。

> ……焼野の雉子、夜の鶴といって、子供を心配しない親はないというけれども、鯨はことのほか子供をかわいがる。とりわけ、子持ちのざとう鯨などの場合、母鯨が網を破ってはるか洋上へ逃げ延びても、子供の鯨さえ殺さなければ、五、七里も沖に泳ぎ去っていてもこれを遠いとは思わず、ただちに引き返して、子供のために死ぬことたびたびである。ことに臨終の時、頭を西に向けて死ぬようすは立派で、人間のほうが恥ずかしくなるほどである。

他にこういう箇所もある。「母子一緒の断末魔、苦しむ声は山々に響き渡ってすさまじく、身の毛もよだつほどである」「昔の人も、断末魔の声を聞いては鯨の肉を食うに忍びない、といったという」「その肉を焼き、鍬焼にして舌鼓みを打つのはなんと慈しみがないことか。」

『小川嶋鯨鯢合戦』では、このような捕鯨をためらわす記述が登場するものの、その躊躇に応えて捕鯨容認論を説く人物が現れる。内容を整理して掲げておこう：①小さな命も大きな命も同じ命である（小さな白魚は食べてよいが、大きな鯨はだめだ、とはいえまい）。②鯨組は日本各地にあるので、私たちが捕らえなければ、どのみち別所にて殺される。③鯨は捨てるところがなく、数多の人々の生を支えるのであり、それが鯨の功徳なのだから、無益な殺生でない。

『合戦』は、以上を理由にした捕鯨容認論の側に同情があるようだ（鯨組主が奉納したものなら当然だ）。けれどもこれらの論理は、鯨を殺す行為が呼び起こすらしい――『合戦』でも記されている――「恥ずかしさ」や「おぞましさ」の強い感情を、はたして納得させられるだろうか。また仏教は、殺生をすれば来世は自分が殺生されるという因果応報を教えていたし、民間信仰では、鯨が

Horitsubunka-sha Books Catalogue 2012

法律文化社 出版案内 2012年版

■労働と福祉に注目し、新しい政策論を提示

福祉政策の国際動向と日本の選択

埋橋孝文 著
◉ポスト「三つの世界」論

第Ⅰ部では南欧やアジアの政策の論点を検討、第Ⅱ部では「雇用と福祉の関係の再編」に注目する。日本の位置を確認し政策論議の場を提供。　［社会保障・福祉理論選書］

A5判・228頁・3360円

社会保障・福祉理論選書　混沌とした社会保障・福祉をめぐる状況を整理・検証。領域横断的なアプローチも採り入れ、諸施策の礎となる新たな理論を提供する。

法律文化社　〒603-8053 京都市北区上賀茂岩ヶ垣内町71　℡075(791)7131　FAX075(721)8400
URL:http://www.hou-bun.com　　◎価格は定価(税込)

政治

実践の政治学 [HBB+]
畑山敏夫・平井一臣 編　2625円

スローライフ論で個人の意識やライフスタイルを問い直し、「実践」をキーワードに新しい政治を展望する。

国際政治モノ語り
佐藤幸男 編　2520円

●グローバル政治経済学入門　身近なモノの生産、流通、消費の連鎖構造を解き明かし、リアルな世界を捉える。

EUとフランス
安江則子 編著　2940円

●統合欧州のなかで揺れる三色旗　移民政策、農業政策、メディア政策および独仏関係など、アクチュアルな問題を考察する。

現代アメリカ政治外交史
安藤次男 著　2520円

対外的な帝国主義化と国内的な民主化が同時に存在するアメリカ政治の特質を、外交と内政の両面から精緻に分析。

市民参加の行政学
田尾雅夫 著　2835円

市民運動が組織化され市民参加に至る過程を整理するなかから、従来の組織論に対置する組織化論の整備を試みる。

首長の暴走
平井一臣 著　2100円

●あくね問題の政治学　なぜ「改革派」首長が支持されるのか。3視点から考察し、地方政治の混乱に誠実な提言を与える。

国際関係論へのファーストステップ
中村 都 編著　2625円

貧困・紛争・資源奪取・環境破壊など地球社会が抱える問題を簡潔に解説。持続可能な社会への方途を考察する。

国際関係論
初瀬龍平 著　2940円

●日常性で考える　「人権」「平和」「多文化」を人々の日常から考察し、既存の国家中心ではない国際関係像を提示する。

NGOから見る国際関係
毛利聡子 著　2415円

●グローバル市民社会への視座　NGOや市民社会がグローバルな規範形成能力を持つことを実証的に考察する。

グローバル文化学
小林 誠・熊谷圭知・三浦 徹 編　2415円

●文化を越えた協働　地域研究、多文化交流、国際協力などの局面で協力・共存していくための視座と思考を養成する。

コスモポリタニズム
D・ヘルド 著／中谷義和 訳　3990円

●民主政の再構築　地球規模の諸課題を克服するための政策とその実現のための新たな統治システムの構築を試みる。

資料で学ぶ国際関係
佐道明広・古川浩司・小坂田裕子・小山佳枝 共編著　3045円

大航海時代から現代に至る国際社会の成り立ちと仕組みを学ぶうえで必須の資料（年表・図表・条文・外交文書など）を所収。

〈核発電(ゲンパツ)〉を問う
戸田 清 著　2415円

●3・11後の平和学　〈核〉に依存する力学を構造的暴力の視点から根源的に照射し、克服すべき課題を明示する。

経済・経営

現代アジア経済論
郭 洋春 著　2310円

経済以外の領域も含め、飛躍をみせるアジアの動向を多角的にアプローチし、定点観測的な視座を提示する。

エアライン/エアポート・ビジネス入門
髙橋 望・横見宗樹 著　2730円

●観光交流時代のダイナミズムと戦略
世界および日本の産業動向を理論的に分析し、未来の航空産業の行方を探究する。

社会一般

世界遺産学への招待
安江則子 編著　2310円

世界各地にある固有の文化の価値をどう捉え、保護していくのか。歴史的展開と今日的意義を考察し、現代的課題を探究。

低炭素社会への道程
遠州尋美・柏原 誠 編著　2730円

●ドイツの経験と地球温暖化の政治・経済学
日本の防御的な後ろむきの姿勢を正し、すすむべき方向と課題を提言する。

〈原発依存〉と〈地球温暖化論〉の策略
中野洋一 著　2310円

●経済学からの批判的考察　エネルギーを原発に依存する裏には、マネーゲームと権力による策略があったことを暴く。

「子ども手当」と少子化対策
江口隆裕 著　3045円

フランスの家族政策の思想と展開を分析しながら、日本の少子化対策について問題点を解明。　[社会保障・福祉理論選書]

社会政策の視点　2940円
圷 洋一・堅田香緒里・金子 充・西村貴直・畑本裕介 著

●現代社会と福祉を考える　現代の社会政策を批判的に検討するための視座を説く。R・リスターによる序文を掲載。

日本は変わるか!?
大久保史郎・高橋伸彰 編　2310円

●転換の可能性を探る　未曾有の変化が起こっている現代社会。混乱する社会を捉えるための視座を提示する一冊。

地方都市のホームレス
垣田裕介 著　3150円

●実態と支援策　著者自身による支援活動を通して、具体的な手だてや枠組みなど、地域に見合った施策を考える。

アイヌ民族の復権　2415円
貝澤耕一・丸山 博・松名 隆・奥野恒久 編著

●先住民族と築く新たな社会　二風谷ダム裁判をあらためて問い直し、アイヌ復権への課題を学際的かつ実践的に考察。

家族とジェンダーの社会学
千葉モト子 著　1890円

新聞記事や映画など身近な素材をもとに、家族の実態を明らかにし、抱えるリスクの現状と対策を分析、考察する。

社会保障・福祉

社会保障の基本原則
D・ピーテルス 著／河野正輝 監訳　2625円

欧州における社会保障システムの比較・考察を踏まえ、普遍的な概念と原則を明示。日本の制度分析に示唆を与える。

障害をもつ人々の社会参加と参政権
井上英夫・川崎和代・藤本文朗・山本 忠 編著　2100円

障害種別に参政権保障の歴史的経過をふまえ、現状と改善策を示す。障害のある人とない人の参加と連帯の書。

世界の保育保障　2625円
椋野美智子・藪長千乃 編著

スウェーデン、デンマークなど5カ国の保育・幼児教育にかかわる政策を考察し、日本へ示唆を提供する。

高齢者虐待を防げ　2310円
倉田康路・滝口 真 監修
高齢者虐待防止ネットワークさが 編著

●家庭・施設・地域での取り組み　当事者への調査をもとに、防止・発見のための各人の役割とネットワークの構築を提示。

認知症高齢者と介護者支援
中山慎吾 著　2940円

現場で活きる教育プログラムと実践報告を掲載、介護者の心身の健康維持と認知症ケアを具体的に展開する。

社会福祉行財政計画論
神野直彦・山本 隆・山本惠子 編著　2730円

福祉行財政の実施体制や実際を概説、計画を支える理念や目的を解説。領域別の事例を参考に政策力・計画力を養う。

人文科学

ピース・ナウ沖縄戦
石原昌家 編　2100円

●無戦世界のための再定位　意図的な沖縄戦捏造の動向分析を踏まえ、沖縄を拠点とした「軍事強化」へ警鐘を鳴らす。

生涯学習論入門
今西幸蔵 著　2625円

意義から支援の方法まで全体像を鳥瞰するとともに、教育をめぐる最新の理論や概念をとりいれ、未来の教育を見通す。

キャリア開発と職業指導
伊藤一雄・佐藤史人・堀内達夫 編著　2100円

●大学・高校のキャリア教育支援　厳しい雇用状況のなか、現場の教職員は何をすべきか。諸外国の動向と豊富な実践例を紹介。

平和教育を問い直す
竹内久顕 編著　2520円

●次世代への批判的継承　戦後の豊かな蓄積を継承し、時代状況に対応した新たな理論と実践の創造的な再生を試みる。

「人権」を根源的に問い直し、新たな再構築をめざす。

講座 人権論の再定位 〈全5巻〉
1巻＝3150円・2〜5巻＝3465円

1　人権の再問　　　市野川容孝 編
2　人権の主体　　　愛敬浩二 編
3　人権の射程　　　長谷部恭男 編
4　人権の実現　　　齋藤純一 編
5　人権論の再構築　井上達夫 編

現世で祟る話も流布していた。先の捕鯨容認の論理は、信心深い人々のこういった不安を宥（なだ）めることができたのだろうか。人々を襲う慙愧（ざんき）の念や不安を鎮める力が、先のような論理にあるとは、とうてい思えない。捕鯨にかかわる人々には、人間の命も危険な「合戦」で、血の海と咆哮の阿鼻叫喚に浸り、鯨の巨大な命が自分たちの手によって息絶えるのを何度も経験することを通じてしか到達不可能な仕方で鯨と一体となり、そうすることで自他の命に敏感になる人、命への慈しみを覚えるようになる人も多くいただろう。そのような人が経験するのは、捕鯨で暮らしがよくなるのは喜びであるが、鯨はやはり不憫であるし、後でわが身にはね返るだろう報いはどう受ければいいのか、という煩悩世界の袋小路であったろう。そのような状況では、単なる理屈によってでなく、供養という宗教的行為によって鯨の菩提を弔うことだけが、自分に対する慰めにもなりえたことだろう。だから各地で、鯨のために読経する、位牌も作る、墓や塚を建てる、という伝統があったのである。鯨で栄えた町に育った金子みすゞの「鯨法会」で触れられる向岸寺の供養はよく紹介されるし、『小川嶋鯨鯢合戦』もまた締め括りは供養の話になっているのである。供養の行為が、殺生の隠れ蓑としてのパフォーマンスに成り下がることもあるかもしれない。しかし少なくとも、鯨の霊の安寧を切に願って供養に臨んだ人々が実際いたことを疑う必要はあるまい。そして彼らにあった鯨の魂に対する畏れや配慮は、現代の食料動物に対する私たちのかかわりには、希薄なものといえるだろう。

草木塔

　興味深いのは、このような配慮は動物界から植物界へも広がることができる、ということだ。木こりが大木を切った時、その木のてっぺん部分を切り株に差して神酒を注ぎ、山の神や木霊に感謝する「鳥総立て（とぶさたて）」という古い儀礼がある。それと続き柄を感じる儀礼として、木々の供養もある。そして木々の供養に関しては、草木塔という石塔がある。現在、日本国内に約170基の存在が確認されており、その九割方は山形県、特に置賜地方に集中していて、江戸期、明治大正期の古いものは――わずかな例外を除けば――置賜地方にしか存在し

ないという。なぜこの地方に集中しているかについては、材木伐採や霊山の近さなどに触れる諸説があるが、はっきりしたことはわからないようだ。塔には「草木塔」「草木供養塔」「草木国土悉皆成仏」などの文字が刻んである。「草木国土悉皆成仏」というのは、心をもたない「非情」である草木やそれを育む国土も、心をもつ「有情」である人や獣と同じく成仏できるのだ、とする（「天台本学」思想に見える）日本的仏教の教えで、草木にも実は魂があるのだ、ということを仄めかすものである。草木にも魂があるという考えは日本古来の自然観でもあるけれど、それは天台本学論の仏教的色彩を帯び、謡曲——「芭蕉」「杜若」「西行桜」等——にも頻繁に登場する。たとえば「芭蕉」では、ある僧の庵に女が現れ、僧が唱えた経にあった「草木成仏」の教えを喜んで立ち去るのだが、女は芭蕉の精で、その夜、僧の夢のなかに舞を舞いにやってくるのである。草木の霊を供養する草木塔は、このような文化全体にもつながってくる。木々にも魂があるとするなら、そのような観念は、わがもの顔に草木を利用することに対し、人間を慎み深くするだろう。そしてそのような慎みというのは、『いのちの食べ方』の野菜工場には場違いなものであるにちがいない。

　　　　　　　＊　　　＊　　　＊

　以上、人間と自然とのかかわりについて、現代的食料工場とはかなり違うと思われる事例を、簡単にではあるが、三つ見た。どこが違うのかといえば、それらの例では共通して、人が自然に対し、それに霊／魂／心があると考えつつ接している点だろう。自然に対するそのようなアニミズム的な構えはたぶん、人間の素朴で野性的な心性に根ざしたものであるように思う。動物や植物や風土に対し、アニミズム的構えをとるということ、魂に対する態度を向けるということは、相手に魂を出現させることであり、それと差し向かうことによって、魂をもつものどうしに相応しい関係にそれらと一緒に自分をも巻き込むことである。そしてその関係のなかで、魂をもつものへ相応しい人間的感情を自分が自然に対して抱き、また魂をもつものへ相応しい人間的振る舞いを自分が自然に対して見せることである。つまり自然に対し「魂あるものへの態度」を向けるとは、人が自然に接する時、世界とともに、自分までもが人間らしくなるということなのである。——と私は捉えるのだが、そのような魂どうしの関

係を築くことが、動物や植物ひいては自然全体を思いやり、それらに心配りをしようという気持ちとなるだろう。

　もちろん次の事実を避けることはできない。つまり、人が生きるには、多かれ少なかれ、自然を傷つけねばならない、という——時に血なまぐさい——事実である。人間は（他の生き物同様）あれやこれやの仕方で自然を利用しないことには一日たりとも生きられないのだから、他の命を奪うような——人間相手には禁じている——行為も、環境相手にはしてしまうし、またせざるをえないのだ。たとえば野菜を育てるなら、それを食い荒らす虫を殺さないわけにはいかない。手洗い・うがいをするだけでも、細菌の生が繁栄する機会を潰してしまうことになる。だから厳密には、自然ないし生命を尊重することは、人が生きることと、しばしば矛盾するだろう。しかし自然に対する「魂あるものへの態度」を人間が曲がりなりにももつならば、人間の欲求が野放図になることが抑えられ、人間にできる範囲で、自然を尊ぶことが可能になるのである。不要な自然の利用を、自制することは可能だ。どれほど人間の欲求が抑えられるかは、いろいろな事情に左右されることであるから、それについて一般的に述べることはできない。だが少なくとも、道徳教育がめざす自然の尊重には、「魂あるものへの態度」を手がかりに、近づけるように思う。そして「魂あるものへの態度」こそが、『いのちの食べ方』の映像には欠けているものだと思われる。私たちは「魂あるものへの態度」をもって生きていた先人の文化にも学びつつ、そのような態度を自分自身にも育み、そして人間の実際の生がそれとどれだけ矛盾しなければならないかを省み、自然への優しさと人間の身勝手さを行ったり来たりすることで、考えを深めていくほかないだろう。

5　おわりに

　しかしはたして、自然界に向けて「魂あるものへの態度」をとることは、現代に生きる私たちにも、今さらできることなのだろうか。——別にできないことではあるまい、と私は思う。現代人も、自分のペットに対しては、家族のように扱ったり、死んだら墓を建てたりするなど、魂あるものとしてそれに接し

ている。植物に話しかける人もいる。だからそういう態度自体は、必ずしも私たちに無縁のものではないのである。

　人が自然に対し「魂あるものへの態度」をとることを、いま難しくしているものがあるとすれば、それはとりわけ、そういった態度を向けうる自然が、そもそも周りに乏しい、ということでないか。都会の生活を見渡してみると、そこは人工物で世界がすっかり覆われ、隙間にわずかに見える自然はたいそう貧弱なものだ。アスファルト舗装があれば、人は地面さえ直に踏みしめることができない。オフィスや教室に入れば、そこにあるのはスチール机や化学床材や化学壁材で、自然といえば花瓶の花くらいかもしれない（それも造花かもしれない）。

　人間たちは現在このように、自ら作り出したモノ／人工物によって、自然から遠ざけられている。人工物というのは基本的に、何らかの用途をもって作られた道具である。人と自然のかかわりを考える時、私たちはこの道具についても合わせて考えるべきことが多くあるだろう。道具というのは、もともと非力な人間が自然のなかで生きていくために作り出した諸物である。そして身近な自然から材料を得て、人間の手を加えて作った衣食住のための生活道具が、道具の原点である。そういった道具は現在、生活工芸品として細々と生き残っている。日常の用を果たしてくれる道具はいつも手元にあり、毎日の生活を助けてくれる。そして素朴、かつ丹誠を凝らして作られた生活道具には、用に加えて、質実で健康な美しさ（民藝でいう「用の美」）を兼ね備えたものも多い。そういった天然素材の道具の魅力の一つは、それが、「用」と「美」という二つの引力でもって器物自体に私たちを引きつけることによって、その向こうにある器物の原郷でもある自然へと、私たちを解き放ってくれる点だと思う。漆の木椀などがよい例だろう。一寸法師の話でも馴染みの椀だ。あのような椀は、100年も経った欅や栃の木から木地を挽き、10年ほどの漆の木からわずかに採取される樹液を塗って作られる貴重なものだ。海岸の急斜面の厳しい環境で生育している古い欅群を見せてもらったことがあるが、土地の人から聞くところによると、かつてはそういった場所からも材を得ていた。また漆の樹液は皮膚につけばかぶれるので怖がられるが、生漆は香りよく、舐めてみると上品な味

がすると同時に火照るような感覚を覚える。漆椀を使うことは、いつかどこかにそれぞれの形で息づいていた、そんな自然の生命が、自分の暮らしのなかに入ってくることである。

　なまの自然も、町の暮らしから、手が届かないわけではない。少しの努力を厭わなければ、自然の欠片くらいは見つけることができる。それらと身体ごと交わってみるといいのでないか。魚屋で新鮮な魚を買って捌いてみる。春には少し郊外に出て、蓬を摘んでみる。秋には公園の芝生に落ちる銀杏の実を拾ってみる、等々。そしてたとえばその銀杏で、銀杏ご飯でも炊いてみる。つややかに光る新米に、透き通った黄緑の実が混じる、ほかほかの銀杏ご飯を塗椀によそって、山の欅や漆や銀杏や田んぼに思いをいたしながら経験する、おいしさとゆたかさ。そんな原郷世界への親しみからも、「魂あるものへの態度」は目覚めると思う。

参考文献

『いのちの食べかた』（Our Daily Bread／Unser Täglich Brot）N. ゲイハルター監督、2005年、ドイツ／オーストリア。（映像資料）
『イヨマンテ──日川善次郎翁の伝承による』財団法人アイヌ民族博物館、2003年。
『イヨマンテ　熊おくり──北海道平取町二風谷』〈民族文化映像研究所　映像民俗学シリーズ　日本の姿　第7巻〉紀伊國屋書店、2004年。（映像資料）
『天台本学論』岩波書店、1973年。
『日本の美術　久隅守景』第489号、至文堂、2007年。
田島佳也「小川嶋鯨鯢合戦（翻刻・現代語訳・注記・解題）」『日本農書全集　第58巻　漁業1』農山漁村文化協会、1995年。
松崎憲一『現代供養論考』慶友社、2004年。
柳宗悦『工藝文化』岩波書店、1985年。
やまがた草木塔ネットワーク編『草木塔』山形大学出版会、2007年。

【丸田　健】

第5章 「崇高なものとのかかわり」から考える道徳教育の問いのかたち

1 はじめに

　「崇高」という言葉を聞いて、あなたは何を思い浮かべるだろうか。高く聳(そび)える山並みや広大な大海原の美しい風景、霧に包まれた深い森など自然の神秘的な風景を思い浮かべるだろうか。それとも、神や仏などの超越的存在や、世界を包む大いなる霊的存在のような宗教的でスピリチュアルなイメージを抱くだろうか。あるいは、並の人間ではとうてい不可能な気高い道徳的行為や、何百年という長い年月をかけて成し遂げられた偉大な仕事など、人間のなかにある高い精神性をイメージするだろうか。

　「崇」という漢字は、山冠を部首とすることからわかる通り、元来は山が高く聳える様子を表している。西洋でも事情はよく似ており、崇高という概念はギリシア語の「高さ」を表すヒュプソス（hypsos）という語にさかのぼる。「鴨居に届くほどの高さ」を原義とする英語のザ・サブライム（the sublime）やフランス語のル・スュブリーム（le sublime）、「上へもち上げる」を原義とするドイツ語のダス・エアハーベネ（das Erhabene）など、いずれも「高さ」を意味する。これらの語は、物理的な「高さ」からしだいに比喩的な意味へ拡張され、気高さ、偉大さ、尊さ、荘厳さなど精神的な意味での「高さ」へ変化した。したがって、自然、神や霊的な存在、人間の偉大な行為や高い精神性、生死の不思議など、気高さや荘厳さといった感情をかきたてる事物が、さしあたりは「崇高なもの」にあたると理解してよいだろう。

　本章が課題とするのは、このような「崇高なものとのかかわり」を道徳教育の主題として論じることである。より具体的にいえば、崇高と道徳の関係につ

いて教育の観点から論じるという課題である。とはいえ、そもそもなぜ崇高は道徳と関係があるのだろうか。

　この問いにあなたが「学習指導要領でそう規定されているから」と答えるなら、あまりにわびしい。なぜなら、それは単に「規則だから」と答えたにすぎないからである。なるほど、その是非に関しては議論の余地があるとはいえ、学習指導要領は学校教育の教育課程に対して法的拘束力をもつとされているので、「規則だから」というのはもっともらしい答えではある。だが、これでは「なぜ？」という問いに答えているようで答えていない。むしろ思考停止である。なぜなら、「では、そもそもなぜそんな規則があるのか」とか「では、そもそもなぜその規則は妥当なものとみなされているのか」と、さらに問うことができるからである。

　自然の事物の仕組みであれ、社会の出来事であれ、あるいは大人たちの言動についてであれ、しばしば子どもたちは「なぜ？」と問いかける。この「なぜ？」には、表面的に答えうる問いもあるが、なかなか答えられない問い、もしくはほとんど答えようのない哲学的で深い水準の問いもある。そして、もしあなたがより深い水準の「なぜ？」を含む問いかけに対して「教科書に書いてあるから」とか「規則だから」という表面的な答えしか用意できないとしたら、残念ながらあまりよい教師だとはいえない。けれども、特に道徳を教えようとする際には、この種の「そもそもなぜ？」という《根本的な問い》は、しばしば避けて通ることができないのである。

　したがって、私たちも「学習指導要領にそう書いてあるから」という理由に満足するのではなく、「そもそもなぜ『崇高は道徳と関係がある』と人は考えるのか」と論理の次元を一段深めて問うことで、崇高と道徳教育の関係についてのより本質的な理解を得たいと考えている。「解答」として道徳教育の実践マニュアルを提示することではなく、むしろマニュアル志向によって抜け落ちてしまう「問い」を一歩立ち止まって考えてみること。実践のただなかで教師が子どもたちから根底的に突きつけられる「問い」の数々に思いをめぐらせること。道徳教育が誘発するであろう「問い」を自らのうちに根づかせてゆくこと。そうした諸々の道徳教育の「問いのかたち」を深く省察してみることが、

本章の最終的な課題である。

2 「自然や崇高なものとのかかわり」：学習指導要領を読み解く

　学習指導要領の内容をひもとくと、「第3章　道徳編　第2　内容」には四つの視点が記されている（本書添付資料参照）。そのうち、本章のテーマ「3. 主として自然や崇高なものとのかかわりに関すること」の内容細目を熟読し、言葉の細部にこだわりながら丁寧に分析してみよう。

　▼小学校
　〔第1学年及び第2学年〕
　　(1) 生きることを喜び、生命を大切にする心をもつ。
　　(2) 身近な自然に親しみ、動植物に優しい心で接する。
　　(3) 美しいものに触れ、すがすがしい心をもつ。
　〔第3学年及び第4学年〕
　　(1) 生命の尊さを感じ取り、生命あるものを大切にする。
　　(2) 自然のすばらしさや不思議さに感動し、自然や動植物を大切にする。
　　(3) 美しいものや気高いものに感動する心をもつ。
　〔第5学年及び第6学年〕
　　(1) 生命がかけがえのないものであることを知り、自他の生命を尊重する。
　　(2) 自然の偉大さを知り、自然環境を大切にする。
　　(3) 美しいものに感動する心や人間の力を超えたものに対する畏敬の念をもつ。
　▼中学校
　　(1) 生命の尊さを理解し、かけがえのない自他の生命を尊重する。
　　(2) 自然を愛護し、美しいものに感動する豊かな心をもち、人間の力を超えたものに対する畏敬の念を深める。
　　(3) 人間には弱さや醜さを克服する強さや気高さがあることを信じて、人間として生きることに喜びを見いだすように努める。

　一瞥してすぐにわかるのは、どの段階でも(1)「生命」、(2)「自然」、(3)「美や気高さ」の三項目に分類されていることである。だから、ここで意図されている「自然や崇高なものとのかかわり」の具体的な内容は、「生命」、「自然」、「美や気高さ」とのかかわりだということになる。
　さらに、学年を経るにつれ、子どもたちのかかわる対象が身近で個人的なも

のから社会や世界全体に関係するものへ広がっていくよう工夫され、内容も徐々に抽象的で理念的な言葉で語られるようになっている。たとえば、(2)「自然」を例に取り上げてみよう。小学校の〔第1学年及び第2学年〕では「身近な自然に親しみ、動植物に優しい心で接する」とあるが、〔第3学年及び第4学年〕になると、ただ自然や動植物に「親しむ」だけでなく、それらが「すばらしさや不思議さ」をそなえた存在であることを理解し、そのことに「感動」することが課題とされている。〔第5学年及び第6学年〕になると、自然が「偉大さ」を有する存在であることを理解することが目標とされる。ここにいたって、自然はもはや単に「親しみ」「感動」する対象であるだけでなく、「偉大」な存在として認識されるべきだとされるのである。また、「自然環境」という概念が、この段階で登場することにも注目しておこう。生態学や環境倫理といった「人間を含めた自然」というテーマと少しずつかかわりはじめることが道徳教育の課題とされている。

　中学校段階では、「自然を愛護し、美しいものに感動する豊かな心をもち、人間の力を超えたものに対する畏敬の念を深める」という文言になり、ただ自然を「大切にする」だけでなく、積極的な「愛護」の精神と行動が課題とされている。また、「美しいものに感動する」ことや「人間の力を超えたものに対する畏敬の念をもつ」という課題は、小学校段階における項目(3)「美と気高さ」の内容とほぼ重なっており、(2)「自然」と(3)「美と気高さ」の両項目がここで統合されていることにも気づくだろう。

　また、(3)「美と気高さ」に関していうなら、小学校〔第5学年及び第6学年〕の(3)および中学校段階の(2)などにおいて「人間の力を超えたもの」に気高さが見いだされている一方で、中学校段階の(3)では「人間には弱さや醜さを克服する強さや気高さがあることを信じて」というように、人間のなかに一種の気高さが見いだされていることも特徴的である。人間が本然的に弱さや醜さをそなえた存在であることを認めて受け入れ、その上でそれを克服していくこと自体が「強さや気高さ」とされている。あえて表現するなら、生き方として崇高が理解されているのである。

3　崇高と美の結びつきの由来

　ところで、上記の内容細目のうち、各学年の項目(3)の文言をもう一度確認してみてほしい。「美しいものに触れ、すがすがしい心をもつ」とあるが、なぜ美しいものに触れると人はすがすがしい気分になるのだろうか。また、「美しいものや気高いものに感動する心をもつ」とあるが、なぜ美しいものや気高いものを前にすると人は感動するのだろうか。さらに、「美しいものに感動する心や人間の力を超えたものに対する畏敬の念をもつ」とあるが、なぜ人間の力を超えたものに人は畏敬の念をもつのだろうか。その理由を考えるためには、崇高概念がどのような歴史的変遷をたどって美と結びつき、やがて道徳的意義をもつとみなされるようになったかを知る必要がある。

(1) 美しいものと崇高なもの

　まず、崇高が美と結びつくようになった歴史的経緯をたどっておこう。美に関する関心は古代以来のものだが、近代に誕生した美学（aesthetica）という学問は、感性を意味するギリシア語のアイステーシス（aisthesis）という語をもとにして「感性的知覚による認識の学」と自己規定した。つまり、「美しさとは何か」といった美それ自体の本質を問うだけでなく、むしろ「何かを美しいと感じることができるこの人間の能力とは何か」という美感の能力への問題関心において成立した。美学は、美的経験についての心理的で身体的な認識の仕組みを問うという課題を引き受けたのである。

　そういう事情もあって、美しいものや醜いものを見た時にはたらく感動、苦痛、直感、興奮、想像力など、魂の情動を美と結びつける考え方が18世紀ヨーロッパのなかで生まれた。美学の対象は、絵画や彫刻やオペラなど芸術作品だけではない。たとえば人は、きれいな花を見た時やおいしい料理を食べた時、快を得る。ダンスなどの優雅な身のこなしや、人付き合いのなかで感じのよい笑顔や好感を与えるような態度からも快を得る。そんな心地よさやよい趣味などが与える快もまた美の対象となり、その美を感じる時にはたらく精神や感情

の動きが美学の研究対象となったのだった。

　この近代美学の成立過程において、崇高は人に感動を与える自然や芸術作品の偉大さを表す重要概念となっていくが、この過程で決定的な役割を果たしたのが、アイルランド人の政治思想家Ｅ.バークの『崇高と美の観念の起源』（1756）であった。バークによれば、人間には自己保存と社交という二つの根本衝動があり、崇高は自己保存に属し、美は社交に属する。バークが想定している社交の最たるものは異性間の性交や愛のことで、こうした他者との交際がもたらす快や喜びが美の起源だと彼は考えた。一方、崇高は、恐怖、巨大な力、無限、広大さや無定形なもの、あるいは空虚や孤独や闇など、危険と苦痛にかかわる。なぜなら、そのような人間の尺度でははかりがたいものによって自己保存の本性が脅かされるからである。しかし、このような危険や苦痛がもたらす緊張を相対化し、苦痛を取り除けた時、美とは別種の快をもたらすのであり、これがまさしく崇高の感情であるとされた。要するに、苦痛と快にかかわる心理的な緊張と弛緩のダイナミズムが崇高や美の感情を生むというのである。

（2）崇高と道徳感情

　こうしたバークの美学的崇高論の構図を継承しながらもそれに満足せず、さらに崇高を人間の理性のはたらきに関連させ、美学的でありながら同時に道徳的でもあるような崇高論を展開したのがドイツ（当時プロイセン王国）の哲学者Ｉ.カントだった。カントの『判断力批判』（1790）によれば、自然そのものが崇高なのではなく、自然を前にして自分の魂が高揚するような感覚を人が覚えた時、それを崇高と呼ぶ。魂の高揚とは、要するにワクワク、ドキドキとか、「おおぉ！」としかいいようのない感覚である。ただし魂の高揚といっても、バークがいったような快と苦痛の組み合わせから生じる単なる感情の起伏のことではない。雷鳴とどろく雲、火山の凄まじい噴火、エジプトの巨大なピラミッド、雪におおわれた峰々、瀑布の怒涛などを前にして、その対象が、絶対的な無限の大きさや威力の凄まじさなど人間の感性の尺度をこえた《理念》的表象として心のなかに与えられた時、崇高の感情が湧くというのである。

　たとえば、天空を眺めていて宇宙の無限性を感じ取ったとしよう。この時、

宇宙の無限性は、人間の有限な感性の尺度をこえているから無限なものとして心に与えられるわけだが、私たちは実際に無限の宇宙を踏破し計測して「これは無限である」と判断するわけではない。無限なのだから、もし計測しはじめたとしてもいつまでたっても終わらないだろう。つまり、実際に計測して「無限である」と判断したわけではないのに、にもかかわらず宇宙の無限性を感じることができているとしたら、それは、一つの《理念》として無限性を受け取っているからである。このような《理念》を与えるのが理性の役割であるとカントは考えており、崇高は、感性的認識の限界経験において、人間の理性が介入することによって生じるのだとされる。カントはこのような超感性的能力を道徳的能力と結びつけ、崇高の感情が湧くのは、崇高なはたらきを理性が行うことによって、人間のうちに道徳的感情を引き起こすからだと考えた。

　バークなどイギリス経験論の功利主義的な道徳理論は、道徳感情の源泉を善悪に際する快・不快の感覚に見いだしていた。簡単にいうと、善いことは快を増大し、悪いことは不快を増大するのだから、快を増やして不快を減じるという人間の快楽の経済原理が善悪など道徳的判断の基準になる、と考えたわけである。しかしカントの場合、道徳感情はけっして快や苦痛の感情に還元されない。そうでなければ、善いことであっても苦しいからやりたくないとか、悪いことでも気持ちいいからやってもいいじゃないかとか、あるいは好きな相手には善いことをするが嫌いな相手には無関心なままであるとか、そういう事態に陥ってしまう。善いか悪いかという道徳基準は快・不快の感情とは独立して「〜べし」と命令する義務として存在するものであり、《理念》としての道徳法則が理性それ自身によって自律的に与えられねばならない。たとえ善いことが快を与えるとしても、それはあくまで結果として快・不快を感じるにすぎないのである。こうしたカントの崇高論以降、人間の理性や精神の道徳的はたらきそのものが崇高の源泉とみなされるようになった。

4　崇高と自然の結びつきの由来

(1)「風景の発見」と「気象学的自我の形成」

　ところで、自然や人間理性のうちに崇高を見いだすような議論は、けっしてバークやカントだけの個人的な考えではなく、近代ヨーロッパ社会で生じた自然と人間の関係の変化を反映したものである。たとえば、『心のノート』（中学校）を開いて「自然や崇高なものとのかかわり」［同書60-73頁］の部分を見ると、大海原や聳え立つ高峰、深い森の大樹とおぼしき写真や絵が挿入されており、大自然に崇高的要素を見いだすメンタリティは私たちにとってもなじみがあるように思える。しかし、たいへん興味深いことに、こうしたメンタリティはけっして人類に普遍的な要素ではなく、ある時代に成立した歴史の産物なのである。私たちは自然をけっして「自然に」見ているわけではなく、それぞれの時代や社会に支配的な「ものの見方」に影響を受けながら「歴史的に」見ているのである。

　フランスの歴史家A.コルバンによると、近代にはいると、自然は「嫌悪」や「恐怖」の対象から崇高美を伴った「甘美なる畏怖」の対象へ変化した。そして、その感情が自然を「風景」として発見させると同時に、その「風景」に人間は自我を投影するようになった。いわば「気象的自我の形成」が生じたという。

> 雷雨や暴風雨や嵐の体験、そして一般的に言って山、海、森、砂漠、大平原など、それまで嫌悪の対象にすぎなかった無限の空間に向けられた視線が、崇高美の規範によって根底から刷新された。そうしたものが誘発する恐怖…（中略）…がなくなって、その代わりに「甘美なる畏怖」の念が生まれ、矮小で無力な人間より自然がまさっている、という感覚と意識から生じる戦慄が芽生えたのだ。…（中略）…広大無辺な空間の中で自然の猛威を目にする人間は、快い偉大な印象を感じとる。測定不能なものと対峙する瞬間が、直接的な力と深さをもって人間に自己の存在感を意識させるのである。　　　　　　　　　　　［コルバン 2007, 31-32頁］

　このような「快い偉大な印象」と「甘美なる畏怖」とともに自然を眺める視線が、近代以降、人々のものとなった。たとえば、現在では観光名所として登

山客や保養客でにぎわうアルプス山脈も、かつては魔物が棲む場所として怖れられ、人を寄せつけない異界であった。しかし近代にはいると、悪魔の住処とみなされていた山岳を科学的な測定器具の対象にしようとする意志が人々のあいだに生じる。気圧の物理的計測、空気の化学分析、地質調査、高山における人体の変化の医学的測定など、あらゆる科学的意図から登山の実践がはじまったのである［コルバン 2007］。

（2）文学・芸術における崇高美とアルプス登山の流行

　ただし、アルプス登山の実践は科学的関心からのみ生まれたわけではない。自然と人間との関係の変化には、文学的関心や芸術的関心も深く関与している。つまり、アルプス山脈などの山岳や北方の海洋が、「甘美なる畏怖」を引き起こす「美と崇高」の対象として、つまりは「風景」として文学や芸術のなかで盛んに表象されるようになったことが、その大きな要因となったのだ。たとえば、J.-J. ルソーが『新エロイーズ』(1761)でアルプスを崇高な場所として叙述したことがその一つのきっかけだったことは、いまではよく知られている。

> 　ある時は巨大な岩が廃墟のように頭上に垂れかかっていました。ある時は高いごうごうたる瀑布の濃密な霧しぶきにしとど濡れそぼちました。ある時は永遠の急流が左右に深淵を開き、眼はその深さを探る勇気も起きないほどでした。…（中略）…ここでわたしは周囲の空気の清澄さの中にわたしの気分の変化と、あんなに長いこと失っていたこの内心の平和の恢復との真の原因をはっきり見てとったのです。…（中略）…そこでの冥想はわたしたちの眼を驚かせる対象に比例した何かわからぬ偉大で崇高な性格を、少しもどぎついところ官能的なところのない何かわからぬ静な悦楽をおびるのです。…（中略）…健康によく、効き目のある山の空気に浴することが医学上、道徳上の偉大な薬とされていないとは驚くべきことです。
> 　　　　　　　　　　　　　　　　　　　　［ルソー 1960, 124-126頁］

　ルソーの読者は「巨大な岩」や「ごうごうたる瀑布」や「永遠の急流」について盛んに論じ合い、「何かわからぬ偉大で崇高な性格」や「何かわからぬ静な悦楽」を求めてアルプスへ旅立った。そして、偉大で崇高な風景に包まれることは人間に「気分の変化」や「内心の平和の恢復」をもたらし、「医学上、道徳上の偉大な薬」となることを知ったのだった。

他方、芸術における崇高美のもっともよく知られた例は、ドイツ・ロマン主義の画家C.D.フリードリヒの絵画であろう。広大な空と無限の大海原を前にたたずむ修道僧、無常と永遠のコントラストを鮮やかに浮かび上がらせる廃墟の寺院、巨大な力によって折れ重なった氷河、雲海からのぞく高峰の頂に屹立する旅人といったモティーフをフリードリヒは好んで描いた（❷参照）。それらの絵画のなかに人は、「無限なるものへの憧憬」や「自然の崇高美」の表現の最たるものを見いだし、称賛したのだった。

❷ C.D.フリードリヒ作 「雲海の上の旅人」
所蔵：ハンブルク美術館

　このような文学作品や芸術作品を鑑賞することによって感化された貴族たちは、サロンで友人たちと盛んに文芸を語りながら大自然への想像を膨らませた。俗世間を離れて自然の「美と崇高」を求める旅として、アルプス詣でを経てやがてルネサンスの地イタリアにいたるグランド・ツアーが一つの流行現象となった［桑島 2008］。人々はフリードリヒの絵画「雲海の上の旅人」と同じ場所に立って同じ風景を眺めてみたいという欲望を掻き立てられたのである。むろん、こうした現象の背景には、植民地の拡大に伴う未踏の地への探検旅行とその記録の出版の増加、旅を現実的に可能にする航路や鉄道網の発達と整備、紀行文学を掲載する文芸誌やジャーナリズムなどメディアの発達と読者層の拡大など、数多くの社会的要因が作用していたことを忘れてはならない。

　しかし、いずれにせよ、海や山や森といったアイテムによって崇高を演出しようという『心のノート』の試みは、思想史的な背景からいえば、17世紀から18世紀末にかけてイギリスやフランスで勃興し、18世紀末から19世紀初頭にかけてのドイツ・ロマン主義美学において頂点に達した「美と崇高」のメンタリティを継承するものである。そして、あたかも「道徳上の偉大な薬」のご

とく「自然や崇高なものとのかかわり」を重視するという意味において、現代日本の道徳教育もまた、あのルソーの感性をそのまま共有しているといえるだろう。

5　自然体験における崇高との出会いと教育思想

(1) 青少年の魂の遍歴とワンダー・フォーゲル運動

　自然や崇高なものとの触れ合いに対する期待は、しかし、何も上流階級の大人に限られたことではない。19世紀末から20世紀の初頭のドイツには、野生の自然に出会うべく鍋やテントをリュックに詰め込み野外に出かけ、ギターを爪弾き歌いながら野山を放浪する青少年たちが大量に出現したことに注目しておこう［上山 1994］。

　日本の学校の宿泊研修でおなじみのキャンプファイヤーも、元来はこうした世紀末ドイツの遍歴青年に由来する。キャンプファイヤーは、本来は大自然の神々へ奉献する火の密儀の模倣である。女神役の存在、友情の火の誓いの朗唱、火を囲んでの歌やダンスや飲食といった儀礼的要素が残っているのは、そのような理由による。異教的古代の密儀の模倣を通じて、近代社会によって汚される以前の「太古」の自然に触れる体験を追体験し、またその追体験を仲間たちと共有することで汚れなき友愛の共同体を作り上げたい。そんな願いを、世紀末の遍歴青年たちは抱いたのだった。

　近代の産業化に伴って従来の農村共同体が崩壊し、お互いの顔を見知った人々の深い絆は断ち切られていく。他方、都市化が進み、労働者は搾取され、あるいは「顔」の見えない群衆や失業者にあふれた大都市が出現する。近代化の恩恵を被る富裕層が増える一方で、それ以上の貧困層が劣悪な環境下に置かれ、貧富の格差が拡大していく。国民教育制度の拡充によって教育の機会が多くの者に開かれる一方で、一斉授業の成立と教育システムの整備はかえって教育の内容や方法の画一化を招き、教師はますます権威化していく。「進歩」の名のもとに、近代社会の矛盾が露呈しつつあった。

　そういう時代に、近代産業社会の「進歩」の反動として、「何かがおかしい」、

「《失われたもの》を取り戻すべきではないか」という危機感が、とりわけ都市の教養市民層のなかに芽生えてきた。市民社会の世俗的常識にとらわれた旧世代に比して、汚れなき新世代こそ希望の未来ではないか。そう考えた若者らは、「汚れなき自然」と「汚れなき若者世代」との《幸福な結婚》を夢見て旅に出立した。現代にも続く遍歴青年のワンダー・フォーゲル（渡り鳥）運動は、このようなメンタリティのなかで生まれたのであった。

（2）リアルな体験を求めた新教育運動

都市の教養市民層によるこのような社会批判や教育批判は、19世紀末から20世紀初頭に登場して世界的に広まった「新教育」と総称される新しい教育運動と深く関連している。新教育は、ドイツでは改革教育（Reformpädagogik）、米国では進歩主義教育（Progressive Education）などと呼び方は異なるものの、概して当時支配的であった権威的で画一的な教育を批判する対案的立場として登場してきた。

新教育は、「子ども中心主義」のみならず、「自然主義」、「体験主義」、「実物主義」といった特徴ももっていた。具体的にいえば、大都市ではなく田舎に、人工的なものではなく自然に、権威的上下関係ではなく友愛的で平等な人間関係に、知識偏重ではなく労働・作業に、そして書物や間接的情報による教育ではなく直接的で実際的な体験を通した教育に、きわめて大きな価値をおいた運動だった。こうした考えは、たとえば詰め込み式の受験教育に対する批判としての「ゆとり教育」政策や教科横断的な体験型の「総合学習」の導入など現代日本の教育政策にも影響を与えており、時に批判されながらも、なお主要な教育の考え方の一つであり続けている。

リアルなものとの出会いが実生活に役に立つほんものの知識をもたらし、人間を成長させる——こうした新教育的な信念は、たしかに一定の真理を含んでいないわけではない。しかし、自然や崇高なものへ過剰な期待を寄せすぎると、自然体験をしさえすれば道徳的によい人間に成長するといった安易きわまりない教育言説を生みだしかねず、かえって教育の実態をとらえ損ねることになる。実際、自然体験学習やボランティア活動の価値をことさらに強調する

人々は、いじめ、引きこもり、不登校、凶悪犯罪などのあらゆる問題の原因を子どもの情操や人間関係の貧困化に求め、その解決策として、自然のなかに子どもを放り込めば教育がすべてうまくいくかのような発言を繰り返す。こうした人々は、「昔はよかった」という根拠のない過去賛美や自然への手放しの崇拝といった保守的メンタリティを有していることが多い。体験学習やボランティア活動それ自体は、やり方によっては意味あるものになるかもしれないが、けっして数々の教育問題を一気に解決してくれるような万能薬ではない。

(3) 旅と自然体験を介した成長物語

ところで、グランド・ツアーを敢行した18世紀の上流階級の子弟たちも、野生の自然を求めて放浪した19世紀末の若者たちも、旅と自然体験のなかで苦難と感動を経験し、その経験が人間的成長をもたらすという信念においては一致している。まさに、J.W.ゲーテの小説『ヴィルヘルム・マイスターの修業時代』(1795/96)のようなビルドゥングス・ロマーン（ドイツ語でBildungsroman：教養小説／成長物語）の筋書きである。かつてH.ヘッセ『デミアン』(1919)や吉川英治『宮本武蔵』(1936/39)など典型的な教養小説が人気を博したが、M.エンデ『はてしない物語』(1979)やJ.K.ローリング『ハリー・ポッター』シリーズ(1997/2007)などファンタジー文学や、鳥山明の『DRAGON BALL』(1984/95)、原泰久の『キングダム』(2006～)、井上雄彦の『SLAM DUNK』(1990/96)など現代日本の人気アニメや漫画、あるいはNHK朝の連続テレビ小説など、成長物語の筋書きはいまなお人々の心に訴えてやまない。

住みなれたせまい世間を飛び出して大自然のなかへ分け入り、そこで人智をこえた数々の困難に打ちのめされながら、別人のごとく変身を遂げ、成長して帰還する——このような青少年の成長物語は、たとえば修学旅行、遠足、宿泊研修、林間学校、夏の学校、部活動の遠征など実施形態はさまざまであっても、何らかの形で現代日本の学校行事にも組み入れられながら、いまなお息づいている。

6 「崇高なものとのかかわり」の教育の問題点は何か

(1) 崇高の「暗き側面」

　以下では、「崇高なものとのかかわり」を道徳教育の課題とする際に直面する解きがたい問題を、いくつか指摘しておきたい。

　まず、崇高なものとの出会いは時に人間を圧倒する危険な要素を含んでいるが、そのことをどう考えるかという問題がある。崇高なものの経験は、人がふだん生きている社会の秩序や規範など通常の枠組みをこえた聖なるものに触れる経験なので、そうした既存の秩序を侵犯し、日常の基盤を崩壊させてしまう可能性と表裏一体である。この聖なる経験が、気高さや畏敬の念の育成のようなものとして作用するのか、恍惚として破壊的な暴力として作用するかは、誰にもわからない。たとえば、荒々しい大自然を前にして崇高の念を覚えた人が、「自然を大切にしなければ」といったものわかりのいい答えをいつも導くとは限らない。逆に、人間の卑小さを痛感することによって、人間社会に対して否定的な感情をもつようになるかもしれない。「地球にやさしい」というイデオロギーを突き詰めるなら、「人間がいなくなるのが一番いい」ということになるかもしれない。そうした否定的な感情が、ある時は既存の社会秩序の破壊へ向かい、ある時は何をしても所詮は無駄だといった虚無感へ行きつくかもしれない。樹齢千年をこえる大木に神聖さと清浄さを感じることも、カルト宗教の信者が「テロ行為をしてでも汚れた現在の社会を浄化しなければ」と盲信することも、戦争やカタストロフィ（破局的出来事）に対して人々が抱く奇妙な興奮や熱狂も、少なくとも主観的なレベルでは同様に、崇高なものとかかわっている。崇高なものに触れることによって、おぞましい暴力、性愛などエロティシズムの卑猥さや妖艶さ、死の恐ろしさや不可解さ、生きることの虚無感やニヒリズムなど「暗き側面」が経験されうるかもしれないのだ。ところが、こうした崇高の有する破壊力はすべて、この「崇高と道徳教育」というテーマからは徹底的に排除されている。すると、崇高なもののもつ威力や危険を視野の外に置いたままで、ほんとうに「崇高なものとのかかわり」を教育したとい

えるのか、という問いが生じる。

(2) 崇高の「無毒化」と教育的フィルター

　このような「無毒化」された崇高の教育は、いったい何をもたらしてくれるのか。たとえば自然との出会いの場合を考えてみよう。野外体験型学習や宿泊研修において、たいていの教師は「子どもたちの顔つきが変わって大きく成長を遂げた」と事後報告し、ほとんどの生徒は感想文に「苦労もしたけど人間的に成長することができた」などと判で押したように書く。学校教育の筋書きにおいて、あたかも「感動と成長」は体験前から織り込み済みであるかのようだ。しかし、あらかじめ先取りされた「成長」など、ほんとうの意味で成長といえるのか。成長とは、それまでの自己からの脱皮、象徴的な「死」であって、少なからず、それまでの自己が崩壊するようなショック体験を伴う。上述のように、崇高なものとの出会いにはどちらへ転ぶかわからない偶有性や蓋然性が付随するとすれば、そこから必ず「正」の方向へ成長するようなプロセスを、教育カリキュラムとしてあらかじめ用意したり、万人向けに整えたりすることは、はたして可能なのか、という問いが出てくる。

　むろん、「無毒化」自体が必ずしも悪いわけではない、むしろそれは必要な「教育的配慮」なのだ、と考える人も多いだろう。たしかにその意見は正当なものだ。教育に際して生じうる危険性を周到に回避するというのは、何世代にもわたって教育者が継承してきた大切な考えである。暴力やエロティシズム、死や悪などの脅威に子どもを直接触れさせないで、子ども向けの教育的配慮というフィルターを張りめぐらせた学校教育システム、教科書や児童書といった間接的な媒介によって教育するというのが近代教育の《常識》である。この立場に立てば、「いかに崇高の危うさを排除できるか」という問いの方が重要となる。しかし、反対に、そうした教育的フィルターこそが、子どもにとって本来必要なはずの「リアルな経験」まで不可能にしてしまうのではないか、と上述の新教育論者とともに問うこともできよう。いずれにせよ、崇高なものとのかかわりを課題とする道徳教育もまた、経験の「ほんもの」や「生(なま)」の度合いをめぐる古くて新しい教育論争の問題構制を、うまく解きえないまま抱え込ん

でいるのである。

7　問いに開かれた教育、問いで開かれる教育

(1)「非対称な関係」も「操作可能な技術」も成り立たない

　しかし、こうした問いにもまして認識しておくべき重要な問題は、「崇高なものとのかかわり」に限らず、道徳教育を行う場合、あなたが子どもに対して道徳的に優位であるという前提はほとんどあてにならないということである。

　算数や国語を教える場合であれば、少なくとも教師は算数や国語の内容について、子どもに比べて圧倒的に多くのことを知っている。この場合、教師と子どもはある種の「非対称の関係」にあり、「知っている者が知らない者に教える」という前提が、少なくとも理論上は成り立っている。

　ならば、道徳教育の場合はどうか。実のところ、ここでは「知っている者が知らない者に教える」という前提は必ずしも成り立たない。たしかに、学校の教師が道徳的であることは、現実的に期待されている。しかしそれは、道徳規範の常識的水準に関していえることであって、道徳教育を行う教師が子どもに比して道徳的に十分な優位性をもっているとは限らない。たとえば、「思いやりの心」といった徳目を思い浮かべればよい。十分に思いやりの心に溢れているとはいいがたい教師がいる一方で、とても思いやりに満ちた子どもがいる。道徳的にあまり模範的とはいえない教師が原理的にも現実的にも存在し、他方、驚くほどすぐれた徳をそなえた子どもも存在している。

　さらにいえば、教育の機制はもっと複雑である。たとえ実際は不道徳な教師であっても、授業では完璧な道徳的教師を演じ、感動的なほどすぐれた道徳授業を実践することによって、その結果子どもが道徳を学ぶことはありうる。また、けっして道徳教育を意図したわけではない教育実践のなかでも、意図せざる効果によって、子どもがおのずと道徳を学ぶこともありうる。高潔な人物からでなくとも道徳を学ぶ可能性はあるし、極端な話をいえば、人は悪から善を学ぶこともありうる。

　社会学者 N. ルーマンらが指摘しているように、教育には、教育を意図的か

つ因果的に操作する技術が欠如している〔Luhmann & Schorr 1982；田中・山名編 2004〕。どれほど子どもに道徳的になってほしいと願って努力しても、大人が思うようには成長や発達を遂げてくれないということは日常的に見られることであるし、教育者の想定とは異なることを子どもが学ぶこともまたごくありふれた出来事であろう。このように教育の営みを深く省察してみればみるほど、道徳教育とは何なのか、そもそも教育とは何なのかといった根本的な問いが、私たちに突きつけられてくるのがわかるだろう。

(2)「わからなさ」の共有

そればかりか、「崇高なものとのかかわり」は、あなたを一気に子どもと同じ次元に引きずり込む。たとえば神や仏、大いなる自然や大宇宙、魂、いのち、生と死……。こうした崇高なものについて、多くの人は、これらがほんとうのところ何であるのか、よくわからないまま生きている。たしかに、私たち大人は神や自然や生や死について多少の知識はもち合わせているが、しかし、ほとんど無限の存在である神や大宇宙やいのちの深さに比べれば、そんな知識はきわめてちっぽけなものにすぎない。子どもに「いのちって何なの？」とか「神様っていったい何なの？」とほんとうに深い水準で問われた時、確信をもって答えられる大人がどれだけいるだろうか。

「崇高なものとのかかわり」に関して道徳教育をはじめようとしたとたん、教育は「教師がよく知っていることがらを、知らない子どもに教える」営みから、「教師もよくわからないことがらを、同じようによくわかっていない子どもに対して、それにもかかわらず何とかして教えようとする」営みへと変容してしまう。つまり、「崇高なものとのかかわり」を教えようとする時、教育という営みは、通常の教育でイメージされているような「一方から他方への知識・価値の伝達の過程」ではなくなり、教える者も教えられる者も同じような難問の壁にぶつかり、戸惑い、うろたえ、あるいは同じようにダイナミックに生成変容を遂げるような出来事となるのである。

(3) 問いに開かれ、問いで開かれる

　すると、ここでいわれる「わかっていない」とか「わかっている」ということがらも、算数や国語の場合とはずいぶん異なるものであることが明らかになる。道徳教育においては「わかっている」ことが何か科学的な確実さを保証しているわけではないし、「わかっていない」こともまた、必ずしも負の要素ではない。「わからなさ」は、むしろ常態的なこととして捉えた方がよいだろうし、理解の過程も「わからない」段階からしだいに「わかる」という段階へと直線的に移行していくとは限らない。何か一つわかるとそれだけ深く、さらに何かがわからなくなるような経験さえ、ここでは十分に考えられる。つまり、わかることの経験とわからないことの経験は必ずしも互いに背反する関係ではなく、一方が深まれば他方も深まるといったような、相乗的な関係でもありうるのだ。このような経験に際しては、明確な答えを得られないまま、ともかくそのつど、できる限りの応答をしながらけりをつけていくしかない。そのつど新たな問いを抱え込み、その問いがふさわしい居場所を見つけて根を張るまでゆっくりと付き合い続けてゆく。そんな作法が、ここではよりふさわしいように思われる。

　答えが得られれば終わる、そんな《答えで閉じられる教育》を当然と考える人たちは多い。しかし実のところ、一致した明確な答えを求め、逸脱なく因果的に子どもの生成変容を操作しようとする教育は、とりわけこうした道徳教育やいのちの教育、宗教の教育などにはあまり有効でないし、そもそも、知らぬ間に生まれてやがて必ず死んでいく人生の不思議の実態にそぐわないように思われる。

　とはいえ、答えを求めるなといっているわけではない。答えを求めたくなるのは当然だろう。問題は、答えというものの意味づけの仕方であり、答えとの付き合い方である。答えの探求が新たな問いを生み、時に矛盾し合う多様な問いと響き合いながら、終わりなき問いかけがそのつどの人生の一歩を支えていくような教育——いわば《問いに開かれた教育》ないし《問いで開かれる教育》という発想をとった方がいいのではないかと思うのである。「答えがある」という前提から人生を眺めて見えてくる「風景」と、「答えがない」という前提

から人生を眺めて開かれてくる「風景」は、おのずと異なる。一方を他方へ還元してしまうのではなく、この「風景の異なり」そのものを、教育という営みのうちで語り合う作法を見いだしてゆくべきではないだろうか。

8 おわりに

　生にせよ死にせよ、誰もが自分の生死については、他の誰か（二人称や三人称）のものではなく、「この私」という一人称のものでしかありえない。しかし、にもかかわらず、肝心の「この私」の生死をめぐる問いについてはけっして一人称的には知り尽くせず、二人称や三人称として現われる他の誰かの生死を通して想像するしかないという逆説がある。こうした逆説を人間の生がはらんでいるのだとすれば、人間の生についての語り方、道徳教育についての語り方も、その逆説というあり様に即した形で案出することがより正しい態度というものだろう。

　教える側もまた問いのなかに巻き込まれていくような経験。わかっていたつもりのことがわからなくなっていくような経験。わからなくなったことが、別の深い「わかる」を呼び覚ましてゆくような経験。それゆえにこそ、「わからなさ」を抱えて問い続けることが意味あるものとして認められるような経験。「教えること」や「学ぶこと」、「わかること」や「わからなくなること」に付随する、こうした幾重にも折り重なった経験を、掌にそっと包み込んだ小石のように大切に愛でてゆくこと。人生と教育に万能薬はないという冷静な認識を基底に据えながら、そして前節で述べたような解きがたい困難を抱えながら、それでも「答えなどない」とだけ述べて居直るのではなく、答えが定まらないことの意味を考えつつ、何ごとかを子どもたちに伝えるために新たな問いに向き合うこと。そして同時にその問いを、自らのうちにも深く根づかせてゆくこと。

　問いの立ち上がる瞬間は、苦悩や煩悶を生みだすだけでなく、時として歓喜に打ち震える瞬間でもありうる。こうした瞬間に立ち会おうとする教師や親の真摯な生き方そのものが、まるで寝床で眠りにつく前に読んでもらう物語のよ

うに甘美で魅力的に作用する時、子どもたちにとって「崇高なもの」への信頼すべき通路の一つが開かれるということがあるのかもしれない。

参考文献

上山安敏『世紀末ドイツの若者』講談社、1994年。
カント、I.／篠田英雄訳『判断力批判（上）・（下）』岩波書店、1964年。
桑島秀樹『崇高の美学』講談社、2008年。
コルバン、A.／小倉孝誠訳『空と海』藤原書店、2007年。
皇至道『徳は教えられるか──道徳教育の人生観的基礎』御茶の水書房、1976年。
田中智志・山名淳編『教育人間論のルーマン──人間は〈教育〉できるのか』勁草書房、2004年。
バーク、E.／中野好之訳『崇高と美の観念の起源』みすず書房、1999年。
プラトン／藤沢令夫訳『メノン』岩波書店、1994年。
ベッカー、C.・弓山達也編『いのち・教育・スピリチュアリティ』大正大学出版会、2009年。
村井実『道徳は教えられるか』国土社、1990年。
ルソー、J.-J.／安士正夫訳『新エロイーズ（一）』岩波書店、1960年。
Luhmann, N. & Schorr, K.E., *Zwischen Technologie und Selbstreferenz,* Frankfurt am Main: Suhrkamp, 1982.

【小野　文生】

第6章　道徳教育がめざす「正義」とは何か

1　守られるべき「正義」はあるか？

(1)「徳の騎士」VS「快楽主義者」

　中学校学習指導要領「道徳」の、第2「内容」4「主として集団や社会とのかかわりに関すること」(3)に、次のような一文がある。

　　　正義を重んじ、だれに対しても公正、公平にし、差別や偏見のない社会の実現に努める。

　まじめで正義感あふれる人なら、「その通りだ。差別や偏見などあってはならない」と思うことだろう。自ら社会的実践に打ち込んで、差別や偏見のない社会の実現に貢献したい、と考える若者もいるはずだ。
　しかしその一方で、「正義だとか差別のない社会なんて偽善にすぎない、自分はやりたいようにやるだけだ」と反発する人も、きっと少なからずいるはずだ。
　古代ギリシアの哲学者プラトンの著作『国家』にも、すでにこうした「斜に構えた」男が登場している。トラシュマコスというソフィストがそうである。
　トラシュマコスはいう。「正義」など綺麗事である、この社会では、むしろ「不正」を働いた方が得である、と［プラトン 1987, 67頁］。
　ソクラテス（プラトン）はこの言葉に怒って彼を論駁しようとするのだが、しかしふと立ち止まって考えてみた時、私たちは、トラシュマコスの言葉にも、一定の真実味があることに思い至りはしないだろうか。
　差別や偏見はいけない、誰に対しても公正・公平でなければならない。私た

ちはそのように習ってきたし、たいていの人はそのことを何となく信じてもいる。しかしその一方で、そうした「正義」の理念に、どことなくうさんくささを感じる人もきっといるのではないか。

トラシュマコスはいう。公正・公平など「正義」ではない、ほんとうの「正義」とは、強者の利益になることである、と。

19世紀の哲学者F. ニーチェも、似たようなことをいっている。古代において「正義」とは、そもそもは高貴で強い者が、自らの欲望を十二分にかなえることだったのである［ニーチェ 1940］。差別や偏見をなくそうだなんて、そんなものは弱者の単なる戯れ言である、と。

こうして、正義をめぐって二つの立場が対立することになる。一方は、差別や偏見があってはならない、私たちは誰に対しても公正・公平でなければならない、といい、もう一方は、正義など綺麗事、自分はただやりたいことをやるだけだ、むしろ、やりたいことをできる人間こそが正義そのものだと主張する。

実際、「正義」「義務」「道徳」などといわれるものをめぐって、人は特に思春期ごろから、極端にいえば、この二つのどちらかの立場に分かれることが多いのではないか。ドイツの哲学者G.W.F.ヘーゲルの言葉を借りて、前者を「徳の騎士」、後者を「快楽主義者」と呼んでみよう（［ヘーゲル 1971］。もっとも、ここで詳論するわけにはいかないが、トラシュマコスやニーチェは、けっして単純な快楽主義者であったわけではない）。

「徳の騎士」は、「快楽主義者」のエゴイズムを非難し、正義に燃え、社会の不正を許さない。一方の「快楽主義者」は、「徳の騎士」のくそ真面目を笑い、「よく生きる」とは自分の欲望のままに生きることだと主張する。両者は互いをばかにし合い、嫌悪し合う。

本章では、まずこの「徳の騎士」と「快楽主義者」の対立を一つの軸として、正義について考えてみよう。そしてその上で、そもそも正義とは何なのか、考えていくことにしよう。

(2)「徳の騎士」のジレンマ

まず「徳の騎士」について考えてみよう。

「困っている人には手を差し伸べなければならない」、「お年寄りには必ず席をゆずらなければならない」。「徳の騎士」は、たとえばこのように主張する。自らを律し、他者や社会のことをおもんばかるその姿勢こそ、「徳の騎士」の騎士たるゆえんである。

それはたしかに、心意気としては立派なことだ。しかし彼ら／彼女らは、時に大きなジレンマを抱えることになる。

それは、何らかの正義が、かえって人を抑圧してしまう可能性があるというジレンマだ。「徳の騎士」は、たとえば、「困っている人には絶対に手を差し伸べなければならない」という。

インドの経済学者・哲学者のA.センは、次のような例を挙げている[セン 2006, 159-160頁]。

1964年、ニューヨークで女性が暴漢に殺された。殺害現場のアパートの住民たちは、その現場を目撃しながらも、彼女を助けようとはしなかった。自らが暴漢に殺されてしまう可能性があったからである。

この時の住民たちの行為は、はたして正義に適うものであっただろうか。

他者救済を絶対の正義とする「徳の騎士」からすれば、これはまさに正義に反する行為だったといえるだろう。セン自身もまた、この住民たちの行為は、「明確な義務の怠り」であったと論じている（絶対に不正義であるといっているわけではないが）。

しかし私たちは、ほんとうにこの住民たちの行為を、「明確な義務の怠り」として批判することができるだろうか。

倫理学の領域において問われるこのような例は、枚挙に暇がない。

船が難破し、10人乗りの救命ボートに11人が乗り込んだ。10人が助かるために1人を殺すことは、道徳的に正しいか？　川で溺れている自分の子どもと他人の子ども、1人しか助けることができない場合、自分の子どもだけを助けることは道徳的に正しいか？　人を助けるために嘘をつくことは、道徳的に正しいか？　等々。

「人を殺すことは絶対にいけない」、「すべての人間の命は平等である」、「嘘をつくことは絶対に許されない」といった絶対的「正義」を掲げる「徳の騎士」

からしてみれば、上記の問いは、すべて「ノー」と答えられるべき問いだろう。しかし私たちは、ほんとうに、自分の子どもだけを助けることを絶対に正しくない行為といえるだろうか？

　絶対に正しい「正義」とは何か。結論から先にいえば、それはけっして答えの出ない問いである。正義とは何か。その答えは、必ず任意の多数性をもつ。すなわち、それぞれの論者の関心、時代、その時々の状況などに応じて、答えは無数に生じうる。したがって、これこそが絶対の正義だ、と主張する人どうしは、たいてい深刻な信念対立に陥ることになる（したがって、上記三つの問いについても、絶対的な答えはない。それはその時々の状況に応じて、もっとも納得できる行為をやむにやまれずとるほかない、という問題であって、何らかの確実な答えを一般化できるものではない）。

　にもかかわらず、「徳の騎士」は自らの信念を、「これこそが絶対的正義だ」としばしば主張する。「なぜ殺害現場で女性を助けなかったのか？」、「なぜ自分の子どもだけを助けたのか？」、「なぜお年寄りに席を譲らないのか？」——「徳の騎士」は、他者にこう詰め寄る。

　絶対を掲げる正義が他者を抑圧する不幸を、人類はこれまで何度も味わってきた。まずは宗教戦争がそうである。キリスト教とイスラム教、カトリックとプロテスタント、互いにどちらが絶対に正しいかをめぐって、長い間戦争を続けてきた経緯がある。

　20世紀における、資本主義と社会主義の戦いもそうである。「平等」を掲げた社会主義国における、いわゆる「無謬の前衛党」（マルクス・レーニン主義は誤ることがないと主張した共産党）による大量虐殺の悲劇は、今もなお記憶に新しい。「平等」は、たしかに立派な「正義」かもしれない。しかしこの絶対的理念に従わない（と思われた）人たちを、マルクス・レーニン主義の信奉者たちは、数多く「粛清」したのである。絶対に達成されるべき正義。この理念のもとに、人類はこれまで数々の悲劇を経験してきた。

　こうした「徳の騎士」を、ヘーゲルは次のように揶揄している。彼らは、「正義がなされよ、たとえ世界が滅びても」と主張しているのだ、と［ヘーゲル1978］。そもそも世界——または社会——がうまく立ち行くために考案される

べきはずのものだった正義が、いつしか社会を息苦しいものに変えてしまうのである。

「これこそが絶対の正義である」といった時、それがどれほど良心的な気概から生まれたものであったとしても、しばしば複数の「絶対的正義」が対立し合い、時に深刻な争いを引き起こす。これが「徳の騎士」のジレンマである。

(3)「快楽主義者」のジレンマ

それでは私たちは、「快楽主義」に軍配を上げるべきなのだろうか。絶対的正義など、綺麗事であるばかりか他者を抑圧する暴力的なものである。「公正」とか「公平」とか、そんなものさえ必要ない。ただ自分が気持ちよければそれでよい。やりたいことを思う存分できること、それこそが正義である。私たちは、そのようにいうべきなのだろうか？

ヘーゲルはこれについても、簡潔に次のようにいっている。

ただわがままに快楽を求め続けることなど、結局現実的にはほとんど不可能なことである。自らの快楽の素朴な追求は、たいていの場合、他者のそれと衝突することになる。それでもなお自分の快楽を押し通そうとすれば、そこには深刻な争いが生じてしまうことになる。そうすれば、もはや自分の快楽の追求などと、のんきなことはいっていられないようになるだろう、と。これが「快楽主義」のジレンマである。

こうして「快楽主義者」は、人々との間に「ルール」なり「法」なりを作って、自らの快楽を抑え調整し合う必要を感じるようになる。まさに自らの「快楽」をできるだけ達成するためにも、私たちはむき出しの快楽の戦いを避けて、「ルール」を必要とせざるをえないのである。

(4) ルールとは何か？

以上、多様な人たちと社会生活を送らなければならない私たちは、「徳の騎士」のようにある考え方を絶対のものと主張するわけにはいかないし、かといって「快楽主義者」のように、ただやりたいことだけをやり続けるというわけにもいかないのだった。多様な人たちがうまく社会生活を営んでいくため

に、私たちは何らかの「ルール」を必要とせざるをえない。

ではこの「ルール」とは何だろうか。これが次に問うべき問いになる。

いうまでもなく、それは、私たちがお互いにうまくやっていくために、みんなが従うべき決まり事だ。しかし私たちは、どんなルールにも絶対に従わなければならないというわけではないはずだ。あまりにも理不尽なルールには、誰だって反発したくなる。

そこでひとまず、こういってみよう。「ルール」とは、すべての人にとって「公正」に設定されなければならないものである、と。誰かにとっては有利だけれど、別の誰かにとっては不利になるような、そんな社会ルールは不公正でよくない、と、多くの人たちは今日考えているはずだ。

さて、しかし実のところ、「公正なルール」というルール観が一般に浸透するようになったのは、長い歴史から見ればつい最近のことである。このことについて、以下少しだけ述べておこう。

かつての身分社会においては、差別、偏見、不公正、不公平は当たり前のことだった。ルールや法とは、すべての人にとって公正なものではなく、為政者にとって都合のいいものであることがしばしばだった。城を建てるからといって、農民たちが強制的にかき集められる。有無をいわさぬ増税がある。町の一角に突然「立て札」が立ち、何らかの「おふれ」が出される、よく時代劇などで見るあのイメージだ。ヨーロッパでは18世紀末のフランス革命前後、日本でも明治維新前後までは、すべての人にとって「公正なルール」などという発想は、一般にはほとんどなかったのである。

しかしそれはおかしい、と、今の私たちは思うはずだ。ルールは、誰にとっても公正なものでなければならない。公正なルールこそが、正義に適ったことである、と。私たちはもはや、成人男性にのみ選挙権を与えるルールを「正義」に適ったルールとはいわないだろうし、障がいのある人を虐げるルールを、「正義」に適ったルールとはいわないだろう。現代の私たちは、正義とは「公正なルール」のことである、という感度を、何らかの形でしっかり身につけてしまっているのだ。そしてこの感度には、十分なリアリティがある。不公平や差別が当たり前の、身分社会に戻りたくないと思うなら。

こうして私たちは、今や次のようにいうことができるはずである。「正義」とは「公正なルール」のことである、と。

　これは、人類社会が長い歴史をかけて徐々に洗練・浸透させてきた考えである。これまでの歴史を通して、人類は、「徳の騎士」が何らかの価値観を絶対視する危険を経験してきた。「快楽主義者」も、やりたいことが何でもできるわけではないことを知った。そして、権力者に都合のいいルールなどもまた、もはや「正義」とは認められないとはっきり知った。

　私たち人類が、長い歴史を通してついに到達した正義の観念、それはただただ、すべての人にとって「公正なルール」のことなのだ。このことに、私たちは、さしあたり十分に深い共通了解を得られるはずである。

　さて、しかしここで、私たちは次の問題に行き当たることになる。すべての人にとって「公正なルール」とは、具体的にいったいどういうものなのか、という問題である。

2　「正義」をどう問うか？

（1）「生まれの差」は「公正」か？

　「公正なルール」「公正な社会」とはいったい何か——つまり「正義」とはいったい何か。この問いをめぐって、現代の（政治）哲学は侃々諤々たる激論を続けてきた。

　たとえば、1971（昭和46）年に『正義論』を書いて、その後の正義についての議論を盛り上げたアメリカの哲学者 J. ロールズは、何をもって公正というか、という問いに対して、それは「道徳的にみて恣意的」でないことだ、と答えている［ロールズ 2010］。「恣意的でない」とは、つまり、誰かの身勝手や思い込みに左右されるものではないこと、というくらいに考えておけばいいだろう。

　たとえばロールズは、次のようにいう。

　まったく同じ才能をもった子どもが、その生まれの差のゆえに、社会的成功にも差が出ることは「道徳的に見て恣意的」である。したがって私たちは、こうした「道徳的な恣意性」を除去する義務がある。

これを、道徳・義務論的アプローチと呼んでみたい。何をもって公正といえるか。この問いに、ロールズは、何が「道徳的」であり「義務」であるか、という形で答えようとするのである。そしてロールズは、生まれの差によって社会格差が決定されてしまうことは、道徳的に間違っている、というわけだ。

　さて、しかしこのロールズの考えには、いわゆるリバタリアン（自由至上主義者）と呼ばれるR.ノージックから、激しい批判が浴びせられることになった。

　私たちはほんとうに、まったく同じ才能をもった子どもが、その生まれの差のゆえに社会的成功にも差が出ることを、「道徳的」でないといえるだろうか。ノージックは否という。ノージックがもっとも重視するのは、「自己所有権」である［ノージック 1985］。自らの才能は生まれも含めて自らのものであって、どのような形であれ、これを社会的に平準化することの方こそ「道徳的」でない。

　要するに、ロールズは生まれの差が縮まることが「道徳的」だといい、ノージックは、生まれの差だってその人にもともと備わった権利なのだから、これを侵害しないことが「道徳的」だと主張するわけである。いずれも、「公正」な社会とは何か、という問いに対して、どちらが「道徳的」かをめぐって対立しているのだといってよい。

　さて、みなさんはどちらが「道徳的」だと考えるだろう。

　ここで、先に論じた、これこそが絶対の正義だといって争い合った、「徳の騎士」について思い出していただきたい。ロールズやノージックのような道徳・義務論的アプローチは、実は「徳の騎士」と同様、けっして答えの出ない問いへと足を踏み入れているとはいえないだろうか。

　何をもって公正といいうるか。この問いに、何が絶対的な「道徳」か、という形で答えることはできないはずだ。現代哲学は、表向き、何が絶対の正義か、という問いの立て方を放棄しているようには見える。しかし実のところ、「これこそが道徳的である」と主張することで、「徳の騎士」のジレンマと同じ問題に陥っているとはいえないだろうか。

　何をもって「道徳的」とするかは、任意の多数性をもつ。すなわち、繰り返すが、それは論者の関心や時代、その時々の状況に応じて変わるものなのであ

る。にもかかわらず、そのなかの一つを取り上げ、「これこそが道徳である」といったり「これこれは道徳的に恣意的である」といったりするならば、それはその他の「道徳観」と、信念対立を惹き起こさざるをえない。「生まれの差」は絶対に是正されるべきか、それとも権利として絶対に認められるべきか、どちらが絶対に正しいか、と問う限り、この対立は解決しないのである。

　実はこの問題は、特に女性思想家たちから、すでに80年代あたりから指摘されてきたものである。たとえばアメリカの教育学者・哲学者であるN.ノディングズは、これこそが「正義」だ、「道徳」だ、という勇ましい主張は、あまりに男性的すぎる、女性はもっと、個々具体的な状況に応じて、何が正義や道徳であるかを柔軟に判断するものだ、と述べている［ノディングズ 1997］。

　要するに、「公正さ」の中身を、何が絶対的な「道徳」か、という問いの立て方によっていい当てることは、不可能なのである。やや身もふたもないいい方をするならば、「生まれの差」は絶対に是正されるべきか、それとも権利として絶対に認められるべきか、という対立は、どちらが絶対に正しいか、と問う問題ではなく、その時々の状況において、どの程度是正したりしなかったりすることが広範な合意と納得が得られるかという、程度問題というほかないのである。この点については、また後で論じることにしよう。

(2)「中立」か「介入」か？

　ところで、ロールズをはじめとする現代リベラリズムと呼ばれる論者たちには、公正とは「価値中立」である、と考える傾向があるとされている。以下、この点についても考えておくことにしたい。

　どんな宗教を信じようが、どんな音楽を好もうが、それは個々人の自由である。この宗教を信じよとか、この音楽を好きになれとか、誰も強制することはできない。だから「公正なルール」（正義）とは、誰が何を信じ何を好もうが、すべての人に対して「中立」であるべきだ。そうリベラリズム（特に中立的リベラリズムなどと呼ばれる）は主張する。

　さて、しかしカナダの哲学者C.テイラーや、アメリカの哲学者M.サンデルなど、いわゆるコミュニタリアニズム（共同体主義）といわれる立場の思想家

たちは、こうした考えを舌鋒鋭く批判している（ただしサンデル自身は、自分はコミュニタリアンではないといっている）。この批判にはいくつかの論点があり、また論者によってその考え方も少しずつ異なるが、以下ではもっとも重要と思われる点だけを紹介しておこう。

「価値中立」は、かえって公正な社会を侵害することになる。テイラーやサンデルらはそう主張する。どういうことか。

中立的リベラリズムは、「中立」を掲げるばかりに、反社会的価値観を抑止したり、あるいは反社会的集団に属しながらもそこから脱け出たいと思う人たちを、助けたりすることができないからだ。あるいは、反社会的とまではいわなくとも、たとえば社会的に浸透した何らかの価値観のゆえに苦しんでいる人を、助けることができないからだ。

たとえば、女性は結婚して子どもを生むべきだ、という価値観が浸透している社会について考えてみよう。そしてこの価値観のために、多くの女性が苦しんでいるとしよう。それでもなお、正義はこの価値観に対して「中立」を貫くべきか。コミュニタリアンはそのように問う。

男性は外に出て働くべきだ、という価値観も同様である。この価値観のために、主夫が肩身の狭い思いをする、育児休暇がとれない。それで辛い思いをする男性が多かったとして、正義はなおこの価値観に対して「中立」を貫くべきか。

そうしてコミュニタリアンはいう。正義とは価値中立などではありえない、と。ほんとうに公正であるためには、むしろ不適切な「価値観」に介入し、これを正していく必要がある。したがって正義にとって大切なことは、それぞれのコミュニティにおいてよりよい「価値観」を共有していくことである。女性の社会進出を推奨するような、あるいは男性が育児にもっとかかわっていく、そうした「共通価値」（共通善）を涵養しよう。こうした「共通善」こそが、正義・公正の基盤になる。そうコミュニタリアンはいうわけだ。

もっともこの「共通善」については、コミュニタリアンのなかでも扱いがさまざまである。一方には、「共通善」とは伝統的価値のことであって、これを守り人々の価値観をある程度統一せよ、とする保守的な立場に立つ人も少なく

ない。しかし他方で、「共通善」とはむしろ、「よりリベラルな社会」を生みだすためにこそ考慮されなければならないものである、と論じる人もいる。つまり、ある社会のなかに複数の共同体があり、それぞれの共同体がそれぞれに「共通善」をもっている、これをしっかり捉えないことには、正義について語れない。そう主張するわけである。

　たとえば、ある共同体の「共通善」が、あまりに非民主的・非リベラルであれば、介入して改善させる必要があるかもしれない。あるいは、ある共同体が他の共同体からあまりに虐げられていたとしたら、その虐げられている共同体の「共通善」を強化(エンパワー)することで、差別を軽減することができるかもしれない。多文化・多民族国家アメリカの哲学者M.ウォルツァーなどがこの立場だが、彼は、社会に大きな一つの「共通善」を打ち立てよ、というわけではなく、むしろ、個々の集団の「共通善」をうまく調整することで、より公正な社会を構想しよう、というのである。

　ともあれ、以上のようなリベラル-コミュニタリアン論争といわれるものにおいてこれまで問題となってきた点の一つは、上に見てきたような「中立」と「共通善」の涵養とではどちらが公正といえるだろうか、という対立である。2010（平成22）年、NHK教育テレビで放映された、「正義」をテーマとした「ハーバード白熱教室」で一躍時の人となったサンデルも、この講義のなかで両者をかなりの程度対立的に提示していたし、その後出版された著作［サンデル 2010］のなかでも、やはり両者は対立的なものとして描かれているように思われる。

　しかしここで、三たびいっておきたいと思う。「中立」と「共通善」と、どちらが絶対的に公正か、と問うた時、それはけっして決着のつかない信念対立に陥ってしまうのである、と。ふたたび身もふたもないいい方をしておくなら、「中立」であった方が公正に近い場合もあれば、そうでない方が公正に近い場合もある。私たちはそういうほかないはずなのである。

　次のような、学校での一コマを想定してみよう。

　中立派教師が次のようにいう。「みなさんの成績を付ける時、先生と仲がいい、とか、先生と同じ音楽が好き、とか、あるいはお母さんが先生と同じ大学出身だとか、そういう理由で特別扱いをするようなことはありません。みんな

同じ条件でテストします。」

　この言葉を、不公正だと思う生徒がいるだろうか。

　しかし一方で、次のようにいったとしたらどうだろう。「みなさんは、A君がB君を殴ったといって怒るけど、A君は人を殴ることが趣味なのです。人の趣味や価値観はそれぞれです。ちゃんと尊重しなければなりません。」

　この言葉に納得する生徒は、おそらくほとんどいないだろう。この場合教師は、むしろ「人を殴ってはいけない」という価値観（共通善）を、クラスで涵養することの方を求められるはずである。

　要するに、「中立」と「共通善」、どちらが公正か、という問題もまた、やはりその時々の状況に応じた程度問題というほかないはずなのである。私の見るところ、現代政治哲学の侃々諤々たる議論のなかには、以上に見てきたような、こちらとあちら、どちらが絶対に正しいか、といった——一見そうは見えないにしても——、二項対立的発想がしばしば見られる。しかしこのような問いの立て方をする限り、私たちは結局、正義・公正をめぐる信念対立から脱け出すことはできないだろう。

3　「正義」とは何か？

(1)「一般意志」

　これまでの話をおさらいしておこう。

　「正義」とは、ひとまず「公正なルール」のこと、といっておくことができる。大多数が支配される側にならざるをえない弱肉強食の世界を望まないなら、そうしてかつての身分社会・階級社会に戻ることを望まないなら、私たちは、すべての人にとって「公正なルール」を「正義」というほかないはずである。

　しかし、では何をもって「公正」というか、と問うと、途端に話が混乱してしまうことを前節で見た。極端にいえば、生まれの差をできるだけなくす方が公正なのか、それとも生まれの差も一種の権利と捉える方が公正なのか。あるいは、価値中立である方が公正なのか、それとも望ましくない価値には介入していく方が公正なのか。どちらが絶対正しいか、と問う限り、私たちは答えの

出ない対立に陥ってしまうのだった。

　さて、とすれば、私たちは、問いの立て方そのものが間違っていたのではないかと考える必要があるのではないか。

　何をもって公正というか。この問いに一義的な答えを与えようとしたことが、そもそもの誤りだったのではないだろうか。

　すでに前節で、筆者は次のように指摘した。すなわち、何をもって公正というか、それは、その時々の状況に応じた程度問題というほかないのだと。できるだけ価値中立であった方が公正たりうる時もある。しかし他方、ある程度人々の価値観に介入していった方が、公正といいうる時もある。

　これこそが正義・公正の中身である、といった瞬間に、私たちは実のところ、「徳の騎士」が抱えたのと同じジレンマに陥るのである。「徳の騎士」について述べたくだりで、私たちはすでに、正義・公正の中身については、これを一義的に決定することができないことを学んだはずである。

　そこでさしあたり、次のようにいってみることにしよう。「正義」すなわち「公正なルール」とは何か。それは、すべての人の意志が反映されたものである、と。ある一部の人の意志（利益）にのみ加担するものではなく、すべての人の意志（利益）を配慮するものである、と。

　繰り返すが、この時、ではいついかなる時もすべての人の意志（利益）に適うものは何か、と、その中身を一義的に決めてしまうことはできない。それは、その時々の状況に応じて変わりうる。したがって、「正義」「公正なルール」を問う時、私たちがさかのぼりうる一番根本的な地点は、それがすべての人の意志（利益）を配慮するものである、というところまでであるほかない。

　このことを、もっとも早い時期に、そしてもっとも力強く説いた人が、フランス革命にも大きな影響を与えた思想家、J.-J. ルソーである。

　ルソーはこれを、「一般意志」と呼んだ。社会はどういう時に公正・正義に適っているといいうるか。それは、「一般意志」を代表しうる時にのみである、と［ルソー1954］。筆者はこれを、正義とは何かという問いの答えとして、あらためて定式化しておくことにしたい。「正義」とは何か。それは、「公正なルール」、すなわち、「一般意志」に反することなく、これを十全に配慮・反映したルー

ルである、と。

　さて、しかしここで、二つほど疑問が出るかもしれない。一つは、そんなことありうるはずがないじゃないかという疑問。もう一つは、全員の意志を反映しているなんて、それは全体主義じゃないかという疑問である。以下、これら二つの疑問に答えておこう。

　まず、「一般意志」──すべての人の意志──に反しないルールなんてありえないという疑問についてだが、それはたしかに、その通りだろう。誰もが完璧に納得する社会ルールを作るのは、おそらくほとんど不可能なことだ。社会ルールどころか、校則ですら難しい。制服をなくしたいという生徒もいれば、やはり制服は必要だと主張する生徒もいるだろう。

　しかし「一般意志」の考えは、それが可能か不可能かという発想に基づくものではないのである。次の点はとても重要なので、じっくり考えて理解していただきたい。すなわち、「一般意志」とは、正義・公正をはかる時の判断基準なのである。何が正義に適っているといいうるか、それは、すべての人の意志（一般意志）が反映されている時にのみである、という、正義・公正の判断基準なのである。それは絶対的に達成することはほとんど不可能かもしれないが、しかし私たちは、いつでもこの基準に照らしてしか、社会ルールが公正かどうかを判断する方法をもたないはずである。

　もし「一般意志」以外の考えを、正義・公正の基準にしたとしたらどうだろう。たとえば「絶対平等」を掲げたとしてみよう。その場合、人よりお金を稼いだ人は、強制的にその財を奪い取られることになるかもしれない。あるいは「弱者救済」ならどうだろう。その場合、やはり「強者」と認定された人は、強制的に「弱者」のための奉仕を強いられることになるかもしれない。「平等」も「弱者救済」も、それ自体としては立派な理念だが、これこそが正義・公正の基準であると主張することはできないのである。繰り返し述べてきた、「徳の騎士」のジレンマである。

　他方の「一般意志」は、ある価値観を絶対視するのではなく、あくまでも、すべての人の意志（利益）に適う時にのみそれは公正といいうる、と考えるものである。この考えに基づけば、私たちは、すべての人の「意志」をちゃんと

配慮した上で、できるだけそのすべての人の「意志」がうまく達成されるよう調整しようと考えることができるようになる。お金持ちの人も、恵まれない境遇に生まれた人も、どちらもできるだけ納得できる、そのようなルールを調整しようと考えるのだ。繰り返しいっておく必要がある。「一般意志」のみが、公正・正義をはかる時の、もっとも根本的な判断基準である。

　次に、「一般意志」は全体主義ではないかという疑問に答えよう。

　実はこのような指摘は、ルソー以降の哲学史において、何度となく繰り返されてきたものである。しかしこれは、上述した「一般意志」の意義を、まったく理解しない批判だというほかない。「一般意志」は、すべての人の意志を統一せよという考えとは、まったく異なったものだからである。「一般意志」は、公正をはかる判断基準である。何らかの統一的意志をめざすのではない。すべての人の個々別々の意志を、一部の人にのみ利益になる仕方ではなく、できるだけすべての人の利益になるよう、上手に調整することをめざすのである。

　以上をもって、私たちは、「正義」とは何かという問いに対して、ひとまずもっとも根本的な答えを手にしたはずである。繰り返せば、「正義」とは「公正なルール」のことである。では「公正なルール」とは何か。それは「一般意志」を十全に反映したものである。

　いうまでもなく、この「一般意志」に基づいた「公正なルール」によって営まれる社会という理念こそ、私たちが生活している民主主義社会の根本理念である。先述したように、人類は長い歴史をかけて——1万年にもおよぶ戦争の歴史を通して——、わずか200年少し前、こうした社会的「正義」の理念を手にしたのである。

　そこであらためて、この「社会的正義」の内実を以下のようにいい表しておくことにしよう。

　社会を営む上での正義とは、できるだけ「一般意志」を代表しうる法律を作ったり政策を行ったりすることである。そしてその際、そうした（立法・行政・司法といった）社会権力は、常に、何が「一般意志」にもっとも適ったものであるかを、随時自覚的に調査しその実現に向けて努力する必要がある。

　これが、社会の側から見た正義の内実である。

では個人の側からみた「正義」とは何か。最後に少し論じておこう。

(2) 公徳心とは何か

ここで、ふたたび中学校学習指導要領を見てみることにしたい。「正義」と関係した次のような一節が、第2「内容」の4「主として集団や社会とのかかわりに関すること」の(2)にある。

> 公徳心及び社会連帯の自覚を高め、よりよい社会の実現に努める。

本章の最後に、これまでの考察をもとに、この一文がいったい何を意味しているのか、哲学的に解き明かしてみることにしよう。

先に、社会の側から見た正義とは、できるだけ「一般意志」を代表しうる法律を作ったり政策を行ったりすることである、と述べた。一方ここでいう「公徳心」は、個人の側から見た正義（感）のことであるといってよいだろう。

しかし「公徳心」とは、非常にわかりにくい言葉である。読みようによっては、自分よりも公に奉仕する心、と読めなくもない。社会連帯も同様だ。自分のことよりも大義のために団結せよ、と読めなくもない。

しかしどちらも、そのように解釈する必要はない。どちらも、あくまでも「一般意志」を重視せよと主張しているにすぎないからだ。「正義」の本質がわかった今、私たちはこの一文を、そのように解釈する必要がある。

「一般意志」は、けっして「私」と無関係のものではない。それは、「私」も含む、すべての人の意志に適ったものである。繰り返すが、それは現実的にはおそらくほとんど見いだすことができないものだろう。しかしそれでもなお、「私」も含むすべての人にとってよいことをめざそうと考えること、そのこと以外に、「公徳心」の本質はありえない。そしてふたたび強調しておくなら、この時「公徳心」は、「徳の騎士」のように、「これこそがすべての人にとってよいことだ！」と、ある価値観を絶対視して主張することはない。「公徳心」はあくまでも、「私」も含むすべての人にとってよいことを、めざし続けようとするものなのだ。

では「社会連帯」とは何だろうか。これも、ある絶対的正義のために一つに

まとまろう、などというものではない。むしろ、絶対的正義などないことを自覚した上で、「私」も含むすべての人にとってよいこと（一般意志）の達成のために、時に協力し合い助け合うことなのである。

　社会連帯には、いくつかの層がある。たとえば納税なども、一種の社会連帯だ。すべての人にとってよいこと（一般意志）を達成するためには、お互いにお金を出し合って、助け合う必要がある。あるいは社会運動などもそうだろう。たとえば著しく不当な差別に苦しむ人たちがいたとして、その差別を是正することが一般意志に適うと確信されるなら——ふたたび繰り返せば、私たちはそれを絶対的正義ということはできない——そのために、関係者やまさに公徳心ある人々が連帯して運動することも、ここでいう社会連帯の一種である。

　もう一度いっておこう。「公徳心」とは、「私」も含むすべての人にとってよいこと（一般意志）を、めざし続ける正義感である。そして「社会連帯」とは、このすべての人にとってよいこと（一般意志）を達成するために、互いに協力し合い助け合うことである。

（3）ふたたび「正義」とは何か

　最後にあらためていっておきたい。「正義」とは何か。

　まず理解されておくべきは、絶対的な「正義」などはないということである。しかしそれでもなお、私たちは社会でお互いにうまくやっていくためには、何らかのルールを必要とする。

　かつてのルールは、王侯貴族など一部の特権階級が、自らに都合のいいように作り上げたものだった。たしかにそのことで、社会秩序は一定程度保たれたかもしれない。しかし今日、多くの人は、そのような社会をもはや望むことはないだろう。

　では今日、私たちはどのようなルールを「よい」ルールというのだろうか。それは、ある一部の人のみを利するものではなく、「公正」に決められ守られているルールというほかないだろう。そしてこの「公正なルール」こそが、「正義」であるといってよい。

　では何をもって「公正なルール」といいうるか。私たちはその中身を、一義

的に決定することはできないのだった。私たちがいいうるもっとも根本的な地点は、ただ、それが「一般意志」を十分反映している時にのみ、ということだけである。一部の人の意志だけではない、すべての人の意志を反映している時にのみ、あるルールは「公正なルール」、すなわち「正義」に適っている、ということができるのである。

　したがって、道徳教育における「社会的正義」や「公徳心」の教育とは、けっして、ある何らかの絶対的価値を正義として押しつけることを意味しない。どうすれば、関係者全員の「意志」を上手に取り出し調整し、すべての人の意志をできるだけ反映した社会を作っていくことができるだろうか、と考え合っていくこと。それは、たとえばクラス内の意志決定のプロセスにおいても同様である。「これこそが正しい考えだ」と主張し合うのではなく、いかにして互いの意志を上手に取り出し調整し、できるだけみんなが納得できる意志決定を行っていけるかと考え合うこと。

　「正義」「公徳心」の教育とは、こうしてまさに、「一般意志」をめがけようとする感度を育んでいくことにほかならない。

注

- 1　人々に弁論術を教えていた哲学者・教師。
- 2　プラトンの著作のほとんどは、彼の師ソクラテスが、友人やソフィストたちと議論する戯曲形式で描かれている。
- 3　なお、このようなセンの思想を批判的に考察したものとして、以下を参照されたい。金泰明「コミットメントと自由の共存可能性——アマルティア・センの思想の批判的考察」『アジア太平洋レビュー』第4号、2007年、2-18頁。
- 4　以上の「道徳・義務論的アプローチ」の問題について、詳細は［苫野 2011］を参照されたい。

参考文献

サンデル、M.／鬼澤忍訳『これからの「正義」の話をしよう——いまを生き延びるための哲学』早川書房、2010年。
セン、A.／東郷えりか訳『人間の安全保障』集英社、2006年。
苫野一徳『どのような教育が「よい」教育か』講談社、2011年。
ニーチェ、F. W.／木場深定訳『道徳の系譜』岩波書店、1940年。

ノージック、R. ／嶋津格訳『アナーキー・国家・ユートピア』木鐸社、1985年（原著：Nozick, R., *Anarchy, State, Utopia,* Basic Books, 1974.）。
ノディングズ、N. ／立山善康ほか訳『ケアリング：倫理と道徳の教育——女性の観点から』晃洋書房、1997年。
プラトン／藤沢令夫訳『国家（上）』岩波書店、1987年。
ヘーゲル、G. W. F. ／金子武蔵訳『精神の現象学（上）』岩波書店、1971年（原著：Hegel, G. W. F. *Phänomenologie des Geistes,* in *Werke,* Bd 3, Suhrkamp, 1970.）。
ヘーゲル、G. W. F. ／藤野渉訳『法の哲学』〔世界の名著44〕中央公論社、1978年（原著：Hegel, G. W. F. *Grundlinien der Philosophie des Rechts oder Naturrecht und Staatswissenschaft im Grundrisse,* in *Werke,* Bd 7, Suhrkamp, §130, 1970.）。
ロールズ、J. ／川本隆史・福間聡・神島裕子訳『正義論〔改訂版〕』紀伊國屋書店、2010年（原著：Rawls, J., *A Theory of Justice,* Harvard University Press, 1971.）。
ルソー、J.-J. ／桑原武夫・前川貞次郎訳『社会契約論』岩波書店、1954年。

【苫野　一徳】

第 7 章　多文化社会をひらく道徳

1　はじめに：もう一つの道徳

　道徳教育とは、一般的に人々が円滑に暮していくために作られた社会の決まり事、「枠」を身につけるためのものと考えられている。しかし、さまざまな文化的背景を有する人々が地球規模で行き交うようになっている国際化した今日においては、その「枠」を共有しない多くの人々が同一社会のなかに存在するという事態が起きている。だとすれば、これからの道徳教育には「枠」を異にする人たちと共生できる人間の育成という課題も、突きつけられているといえる。それはたとえば、ある社会で正しいとされてきた教養を身につけた人と、まさにその考え方が不道徳とされる異文化で育った人どうしがどのように仲良く暮らしていけるのか、といった複雑な問題を乗りこえることでもある。このように考えると、本章で考えていかなければならない道徳とは、ある一つの社会のなかで通用する限定された道徳ではない、もう一つの道徳だといえるだろう。

　この「もう一つの道徳」を考えるにあたり、読者のみなさんにまず二つのお願いがある。これは筆者が受けもつ大学の教育学関連の授業において、イントロダクションの際などに行う簡単な実証実験である。「多文化社会をひらく道徳」を考え、身につけるためにも大いに役立つと思われるので、ぜひ協力いただきたい。

　一つめは作業である。簡単なものでいいので、あなたの自由な発想で「魚」の絵を描いてもらいたいのだ。「魚類」であれば、川魚でも金魚でも何でもけっこうである。

二つめは想像して考えてもらいたい。街で、成人二人組が手をつないでいる光景を思い浮かべてほしい。一組めは男女のペアである。二組めは女性どうし。三組めは男性どうしである。この三組の光景を思い浮かべてみて、違和感のある組があるかどうか検討してほしい。また違和感を覚える組があればその理由も考えてから、本章を読み進めていただきたい。これらの実験の意義は本章の後半で明らかになる。それでは、あらためて本章の課題について考えていくこととしよう。

2　多文化社会に求められている道徳とは

(1) 学習指導要領の対象箇所

　本章は、小・中学校学習指導要領で示されている四つの柱をもつ道徳内容のうち四番めの柱、「主として集団や社会とのかかわりに関すること」、なかでもとりわけ「差別・偏見のない社会の実現」（小学校5・6年生道徳内容4-(2)、中学校道徳内容4-(3)に該当）、および「日本人の自覚をもって世界平和に寄与する」（小学校5・6年道徳内容4-(8)、中学校道徳内容4-(10)に該当）という内容の項目に特に深いかかわりをもつものである。そこでまず、中学校学習指導要領解説（以下、中学校学習指導要領に沿って展開していく）に示された各項目の内容説明を一部抜粋し、求められている課題の具体的内容を確認してみよう。

> 4-(3)　正義を重んじ、だれに対しても公正・公平にし、差別や偏見のない社会の実現に努める。
> 　　正義を重んじるということは、正しいと信ずることを自ら積極的に実践できるよう努めることであり、公正・公平にするとは、私心にとらわれて事実をゆがめることや、偏ったものの見方・考え方を避け、社会的な平等が図られるように振る舞うことである。しかも、人は、他の人とのかかわりにおいて生きるものであり、それゆえ、よりよく生きたいという願いは、差別や偏見のない社会にしたいという要求につながる。したがって、よりよい社会を実現するためには正義を愛する心が不可欠であり、自他の不正や不公平を許さない断固とした姿勢と力を合わせて積極的に差別や偏見をなくす努力が重要である。…（後略）　　　　［56頁］

> 4-(10)　世界の中の日本人としての自覚をもち、国際的視野に立って、世界の平和

と人類の幸福に貢献する。

　今日、国際化の進展には目を見張るものがある。私たちは、国際的規模の相互依存関係の中で生きており、我が国が、国際的なかかわりをもつことなく孤立して存在することはできない。すでに、日本人が、自分たちの幸せだけを追い求めることは不可能になってきているのである。したがって、将来の我が国を担う中学生には、日本のことだけでなく、国際的視野に立ち、世界の中の日本人としての自覚をしっかりもつことが必要になってくる。…（中略）…。

　指導に当たっては、他の国には日本と同じように、その国の伝統に裏打ちされたよさがあることやその国独自の伝統と文化に各国民が誇りをもっていることを理解させることが大切で、他の国の人々や異文化に対する理解と尊敬の念が重視されなければならない。更に「世界の平和と人類の幸福に貢献する」という理想を抱き、その理想の実現に努めることが、国際理解にとって極めて大切である。その理想の実現のための基本になることは、国によってものの感じ方や考え方、生活習慣などが違っても、どの国の人々も同じ人間として尊重しあい、差別や偏見をもたずに公正、公平に接するということであり、それが真の国際人として求められる生き方でもある。　　　　　　　　　　　　　　　　［63頁］

（2）二つの課題

　以上の二項は、前項に社会における基本的道徳価値が挙げられ、後項でその価値の究極的目標が述べられている、一つながりの道徳的価値として捉えられる。すなわち、「差別・偏見のない社会」を実現させる道徳によって、私たちの社会だけでなく「世界平和と人類の幸福」に貢献することが、本章でめざされている道徳の目標である。

　それでは、「差別・偏見のない社会」を実現させる道徳とは、具体的にどのようにきたえられるものなのであろうか。学習指導要領には二つの課題が示されていた。「……正義を重んじ、だれに対しても公正・公平に接」（4-(3)）すること、および「……世界の中の日本人としての自覚……」（4-(10)）がそれである。

　まず、前項の課題について簡単に整理してみたい。「差別・偏見のない社会」を実現させるためには、不当に差別されたり偏見を受けたりすることのない「正義」が貫かれなければならないだろう。しかし、学習指導要領にもあるように一人ひとりの「正義」感覚がきたえ上げられていなければ、「正義である」という勝手な思い込みで、「……私心にとらわれて事実をゆがめ……」てしまっ

たり、「……偏った見方・考え方……」で不正義を実践してしまうことにもなりかねない。そこで、正しい「正義」感覚をもつために必要になってくるのが、「公正・公平な目」をもつことである。私たちはこの目をいかにもつことができるのか、考え深めていかなければならないといえるだろう。

次に後項の課題について視点を整理しておこう。ここでは世界平和につながる「差別・偏見のない社会」の実現にとって、「世界の中の日本人」としての自覚が必要であると述べられていた。しかしなぜ、「差別・偏見のない社会」にとって、とりわけ「日本人」を自覚する必要性があるのだろうか。注意しておきたいことは、本項で示された「日本人としての自覚」が、学習指導要領で取り上げられているその他の項目で示されているそれとは、異なる意味を伴っているという点であろう。他項では郷土愛を育み日本社会の発展に貢献するといった意味で日本人の自覚（中学校4-(9)）が求められているが、本項ではそうした「日本人」という点を、「世界の中の日本人」として広い視野から見直してみる、眺め直してみることが求められているといえるだろう。

本章ではこうした視点を深めるため、学習指導要領に示された課題に沿い、3節において「公正・公平の目」について考え深め、4節において「日本人」性を見つめ直していくことにしよう。

3 「公正・公平な目」について考え深める

(1)「枠」のできる前と後

今日、「公共スペースでは喫煙しない」という道徳的枠組みは、私たちの社会のなかで、共通認識として常識化しているように思われる。この道徳的枠組みは、2002（平成14）年に東京都千代田区で路上喫煙に関する罰則規定を伴った条例が登場したのを皮切りに多くの自治体でも条例化に至った、強制力を伴う「枠」である。したがって筆者自身も、現在はこの「枠」を身につけている人間の一人である。ただ、非喫煙者である筆者は、この「枠」を常識化する過程において、ある一つの感情の芽生えに悩まされるという経験をもった。最近では、公道など、公共スペースでタバコを吸っている人を見ると、「信じられ

ない‼」「非常識だ!」といった嫌悪感を覚える。そしてそれと同時に、嫌悪感を抱いた自分に驚くのである。どうしてかというと、この嫌悪感は、以前には感じたことのないものだったからである。

　筆者に起こった、ルール違反の喫煙者に対する嫌悪の感情の芽生えは、個人的な感情の変化のみに起因するものではない。これは「枠」の成立過程において、この社会に生きる多くの人にも起こった変化であったのではないだろうか。

　「公共スペースでは禁煙」という道徳的枠組みは、近年にできた新しい道徳的価値である。十数年前まで、日本社会ではこのルールが作られていなかった。当時は誰もが公共スペースでタバコを吸っていた。たとえば、筆者が大学時代を過ごした1990年代半ば、学生食堂は常にタバコの煙が蔓延し空間自体がどんより曇っていた。仲間で喫茶店や居酒屋に行っても、喫煙者の誰もが非喫煙者と同じ空間で普通にタバコを吸っていたのである。しかし当時は、タバコを吸わない人が喫煙者に文句をいうようなことは稀であったと記憶する。多くの人が伏流煙に関する知識ももっていたが、喫煙者や喫煙のマナーといった問題に、そもそも意識が向いていなかったように思われる。なぜなら、喫煙者と非喫煙者が同じ空間にいることは、ごく日常の、自然な感覚だったからである。

　ところが現在では、筆者同様に非喫煙者の多くは、公共スペースでの喫煙に怒りの感情を覚え、身近で喫煙されることに嫌悪感を覚えているように感じられる。そして逆に、喫煙者は十数年前には感じたこともないような冷たい視線を、社会全体のまなざしとして感じるようになったのではないだろうか。

　なぜこのようなことが起こったのか。それは新しい「枠」の成立によって、多くの人々の「正しさ」の感覚に対し変化が起こったためであると考えられる。「枠」はたいてい、「タバコは人の健康を害す」などと根拠が示されるとともに「正しいこと」として提示される。このためこの「枠」が人々に広く承認されると、「枠」を守れない人、「枠」からはみ出る人たちはルール違反、不道徳な人として排他的に考えられやすくなる。最近では道端や居酒屋などで、非喫煙者が喫煙者に対し喫煙を注意し口論に発展するシーンを目にするようになったが、そのように「枠」は、人々が仲良く暮らしていくことを困難にするような

側面ももっているといわざるをえない。その構造的問題として「枠」は、「枠」のなかにはまれない人、はまりづらい人々を創出するという副産物も生みだしてしまうからである。しかし、このように「枠」が作られることによって人々の間に亀裂が入ること、対立の図式が作られてしまうことは、「公正・公平な目」による、やむをえない結果だろうか。

(2)「公正・公平な目」をもつことの難しさ

　現実問題として、「公共スペースでは禁煙」の道徳的規範が流布されて以降、私たちの社会は、歩きタバコによって子どもがやけどさせられるといった心配はなくなってきた。また伏流煙による健康被害の少ない、安心で健康的な社会が形成されつつある。このように考えれば、「公共スペースでは禁煙」という道徳的枠組みの根拠には、絶対的正しさがあるように見える。そうだとすれば、公共スペースで喫煙している人に注意を与える行為は、正しさを身につけた「正しい人間」の行う行為であり、注意を受け口論に発展してしまうのは、ルールを守っていない喫煙者の方の、一方的な道理の通らない言動と行動によるものだと考えられる。こうしたルールを守れない不道徳な人間、「悪い人間」に対しては、対立図式ができてしまうことも仕方がないように思えるのではないだろうか。

　しかしもし、ルール違反を犯した喫煙者と喫煙を注意した人物の二者が次のような人物であるとわかったら、あなたは喫煙者が「悪い人間」で、非喫煙者が「正しい人間」という対立構図をもち続けることができるだろうか。

　ルール違反の喫煙者の方は、人に迷惑をかける行為に関してはある程度「お互い様」の思想をもち、したがって分煙に反対の立場を取っている（新しくできた喫煙に関する道徳価値を身につけていないといえる）。しかし地球規模で起こっている環境問題には深い関心を寄せ、環境に与える人間の影響を抑制する実践として、クーラーや暖房などの電力を使用していない。トイレも汲み取り式にし、たい肥を作り自家栽培も行う。電力、ガス、水道を極力使わずゴミも出さない、自給自足に近いいわゆるエコロジーな生活を送っている人間である。

　他方、非喫煙者の方は、身体の健康や心身の快適さを一番に考える現代人で

ある。したがって、人体の健康に関わる道徳的価値を非常に重んじた生活を行っている。この人物はヨガなど身体を健全に保つスポーツを行い、一日に数回入浴もする。また一年中冷暖房によって住環境も快適に整え、身体を健やかに保つための食事や身体作りのためには出費を惜しまず、健康器具など健康に良いとされるさまざまなものを日々購入している。そのように大量消費を行っているため、分別はするが大量のゴミや環境汚染物質を排出せざるをえない生活状況となっている。

さて、上記の人物紹介で自然環境問題の観点に立った新たな情報が加えられたが、あなたはどちらの人間が正しい人間だと感じただろうか。タバコによって人体に害を及ぼすことと、環境破壊を促進すること、どちらの方が不道徳な行為だろうか。生活をエコロジーにすることと、心身を快適に保つこと、どちらが道徳的か。「公正・公平な目」によって「正しさ」を判断することは簡単ではなくなったのではないだろうか。

(3) 道徳的価値の多重・多層性

しかし、日本社会という視点からは、一つの答えを導き出すことができる。わが国では、現在喫煙に関する「枠」は、罰則規定を伴った、すべての人間が守らなければならない価値として重心が置かれている。他方、喫煙者に見たエコロジーな生活態度は、崇高ではあるがすべての人間が守らなければならない道徳的価値とはされておらず、あくまで努力目標のような位置づけにある価値とされている。つまり私たちの社会では、現状においてルール違反を犯しているのは、喫煙者の方だけであるということになる。それゆえ、日本社会においては、喫煙者が不道徳な人間であるとみなされやすい。

しかし、両者がタバコに関する「枠」のできる前の時代の人間であったならばどうだったろうか。面白いことに両者に対する評価は逆転する。公共スペースでタバコを吸おうが吸うまいが自然なことであった時代には、非喫煙者は単に自己中心の生活を送っている現代人に見える。しかし、快適さを追求してきた現代人にはとてもまねのできない実践を行っている喫煙者は、自然を愛し、自然と共生する崇高な道徳心のもち主として尊敬に値するような人物と評価さ

れるだろう。

　このように一昔前には賛美されるような人物が、新しい「枠」ができた今日には、不道徳な人間になりうるということは実に不思議なことのように思える。同様に快適さを謳歌してきた非喫煙者が新しい「枠」の出現により、正義の担い手としてルールを守らない喫煙者に注意を与えることも、何か不思議な感じがするだろう。こうした判断は本当に「公正・公平な目」による判断といえるのだろうか。ここに見えてきたものは、道徳的価値が、「公正・公平な目」をもつことを困難にする複雑な構造をもっているということであろう。

　新たにできた喫煙の「枠」のように、道徳的価値は時代とともに更新され、新しい価値が折り重なっていく多重性の構造をもつ。そして同時に、環境問題、貧困問題、経済問題など、さまざまな角度から見いだされる価値が層をなしている多層の構造ももっている。さらには、上記に見たように、多重・多層をなしているそれらの価値の一つひとつの重みが平等にはできていない。すなわち、時代や国、地域など、文化のちがいによって大切にされる道徳的価値やその層には異なりがあるのである。たとえば、タバコに関する「枠」の問題でいえば、他国や他のコミュニティにおいては現在でも、人体の健康以上にエコロジーということに重心が置かれている場合がありうるということである。この文化のなかでは、不道徳なのはむしろエコロジーの「枠」を身につけていない、大量消費を行っていた非喫煙者の方になる。それでは、このように文化の異なりによって「正しさ」の感覚にずれをもっている多種多様な人々に対し、「公正・公平な目」をもつことは、どのように可能になるのであろうか。

　私たちがまずなすべきことは、喫煙の「枠」のように、たった一つの道徳的価値に基づいて自分や他者を「よい人間」「悪い人間」といった人格と結びつけてしまうような混同をしてはならないということだろう。ルールを守らなかった喫煙者がどのような人間かなどということは、一つの価値観からだけでは判断できるものではない。道徳の多重・多層性を忘れて他者のルール違反を断罪する時には、議論の余地がなくなる。こちらが100％正しく、相手が100％悪いならば、相手に注意し相手の方が従うという一方通行の答えしか出ない。そして相手が従わなければ、ルールを守らない他者に対して、「社会の

くずだ！」などと「悪い人間」のレッテルを貼り、怒りや憎悪、嫌悪感さえももつことになるだろう。しかし、多種多様な価値の存在するなかの、たった一つのトピックであることを意識するならば、「正しさ」の感覚にずれをもつ人間どうしが、一つのトピックに対し話し合ってみる、という議論への可能性がひらかれてくるのではないだろうか。

4　日本人であることを見つめ直す

（1）多文化尊重の精神

　それでは私たちにとっての道徳的価値と、異文化を身につけた他者の道徳的価値とが正面からぶつかってしまう場合はどうすればよいか。

　たとえば、座敷になっている食事処であぐらをかき、しかも片方の足は体育座りのように立てひざで、さらにはご飯茶碗を手にもたず茶碗の方に顔を近づけて食べている女性を見かけたとする。このような場合、「なんて、行儀の悪い人間だ」と思うのが、私たちの普通の感覚ではないだろうか。私たちの文化では座敷には正座で座るのが正式であるし、ご飯茶碗は手にもって茶碗を顔に近づけて食すというのが行儀のよい食べ方とされている。しかしこの食べ方は、隣国韓国においては無作法にあたる。座敷にあぐらで食していた女性の食べ方が、韓国女性の「正式」な食事法、座り方なのである。

　学習指導要領には、「……その国の伝統に裏打ちされたよさがあることやその国独自の伝統と文化に各国民が誇りをもっていることを理解させることが大切で、他の国の人々や異文化に対する理解と尊敬の念が重視されなければならない。……」とあった。しかし、自分が信じてきた道徳的価値が他者にとって不道徳であり、他者が信じている物事が私たちにとって無作法だったり不正義であったりするなかで、「異文化を理解し尊敬する」ことは、たやすいことではないだろう。このような他者尊重の精神も、やはり、道徳的価値の多重・多層性の自覚なしには困難である。多文化社会では、私たちが思いつきもしなかったような考え方があることを自覚し、私たちとは異なる文化について積極的に学んでいくことが大切であろう。こうした学びから、私たちは自分たちの

価値観が唯一無二の絶対的正しさではないということも知っていくことになる。そのように自分の内部に作られた「枠」を柔軟に捉え直していく作業が、異なる文化の受容を可能にし、多文化社会へとひらかれていくための道筋を作っていくことだろう。

(2) 知らずに身につく文化性

しかし上記のように考えると、本章の目的である、差別・偏見のない公正・公平な社会を築くための道徳として求められる、「公正・公平な目」をもつことはほとんど不可能であるように思えてくるだろう。喫煙に関する「枠」の例からは、一つの道徳的枠組みを振りかざし他者を判別する行為が、「公正・公平な目」によるものとはいえないことが見え、日韓の食事法の異なりからは、さらに「公正・公平の目」が、私たちの社会に存在するあらゆる道徳的価値を身につけても成立しないことが見てとれる。このように考えていくと、厳密にいえば、世界中のすべての道徳的価値を知っていなければ、文化尊重をしながらフェアーな立場でものを見ることができないということになってしまう。これは実質不可能な話であろう。それでは、「公正・公平な目」をもたなければならないという時、私たちはどのような目をもてばいいのだろうか。そこで必要とされるのが、本章で見いだされたもう一つの課題、すなわち「世界の中の日本人としての自覚」であると考えられるのではないだろうか。

この点を考える上で役立つと思われるのが、本章の「はじめに」でみなさんにお願いした作業である。まず、「魚」の絵の結果についてである。読者がどのような種類の魚を描いたかはわからないが、あなたは左側に頭、右側に尻尾という姿で魚を描かなかっただろうか。道徳のテキストということで、読者のなかには思考に対し慎重になっていた人もいるだろうが、大学の授業で前起きなくこの実験をすると、ほとんどの学生がみな左側に頭を描くため、黒板には同じ方向を向いている魚の大群ができあがることになる。筆者は100人規模の授業も担当することがあるが、この人数でも異なった姿で描くものは数名であり、皆無である回もあった。

なぜだろうか。なぜ、右側に頭部という姿や、魚の顔面を正面から捉えた顔

だけのものや、川などに泳いでいる魚を上からのぞいた姿では描かれないのだろうか。自由に描いてほしいと説明したにもかかわらず、なぜ、私たちは一様に同じ向きの魚を描くのか。

　たとえば私たちの社会ではスーパーや魚屋で魚を買う際、魚はみな左に頭、右に尻尾の姿でパッケージされたり陳列されたりしている。また、外食や自宅での食事でも、魚が食卓に上がる時には、やはり左側に頭が置かれて皿に乗ってくる。しかし、外国料理屋で魚をオーダーした際、筆者は数度、右側に頭、左側に尻尾というものや、魚を寝かせずに、腹側が下に置かれ背びれが目に飛び込んでくるという盛りつけを経験したことがある。いつもとは異なる魚の盛られ方に、この時筆者は違和感と同時に、魚がグロテスクなものにさえ見えてしまい、多少なりとも食欲が削がれたことを記憶している。

　ここに見えてくるのも「文化」の問題といえよう。文化は、一般的に人間が社会の成員として獲得する思考や振る舞いの総体といえるが、その獲得する内容は、国や地域の違い、所属する集団、家族などの環境の違いによって、異なりをもってくる。これが文化差の所以である。つまり、「魚」の絵が表していたのは、私たちの社会は「魚といえば左側に頭」、という文化をもっているということであろう。私たちは今の時代にこの場に育った、ということに大きく規定されている存在なのである。

　しかし、私たちはたとえば「魚」の絵を描いてみるまで、そのことに気づかない場合が多い。文化は、私たちのその何気ない思考一つも、何気ない仕草一つにも浸透しており、通常私たちは意識するまでもなく、「魚といえば左が頭であろう」と無意識的に判断してしまう。つまり、それが文化によるものと意識することなく、「当たり前」や「常識」の感覚になってしまっているのである。ここに、文化の一つの特徴が見いだせるだろう。それは、文化の内部にいる人間にとって自文化とは、独自の文化として体感されるというよりも、「当たり前」「常識」の感覚として身についてしまうということである。「当たり前」や「常識」の感覚とは、個人の物事を判断する尺度になる。すなわち、「正しさ」の感覚となりやすいわけである。

　さらに、「魚」の絵の実験からは、文化のもう一つの特徴が示されている。

それは、「偏り」の可能性である。本来魚はさまざまな角度から観察されうる。多様な可能性がありながら、私たちの文化では、ある一つの角度だけが取り出され採用されている。しかし、その姿は魚の一面にすぎないのである。

　文化がこの二つの特徴をもつならば、私たちは「公正・公平の目」をきたえるためにも、「日本人」として私たちに共有されている「当たり前」「常識」の感覚が「偏り」をもっている可能性についても、深く考えておかねばならないといえるだろう。

(3) 差別・偏見のメカニズム

　この点を考えていくにあたり、次に「はじめに」でお願いした二つめの「手つなぎ」に関して、おなじく大学の授業中に行った実験結果について取り上げたい。

　まず、男女ペアの手つなぎに違和感を覚える学生は、ほとんど皆無であった。その理由を聞くと、成人の男女のカップル（手をつなぐと学生たちにはカップルに見えるということも、日本文化の特徴であると考えられる）が手をつなぎ、街を歩く光景は一般的であるし、好き合っている人どうしが手をつなぐのは自然であるといった回答がかえってくる。しかし女性どうしになると、違和感を覚えるものが半数程度出てくる。幼い時であれば自然であるが、成人女性が手をつなぐのは不自然に感じるという。さらに男性どうしの手つなぎともなると、ほとんどの学生が違和感を示す。というより、実際に男性どうしに手をつないでもらうと、その瞬間からみなが笑い出し、気持ち悪いなどの反応すら出る。その違和感の根拠としては、街でそういった光景をいっさい見ない点が挙げられる。

　「好き合っている人どうしが手をつなぐことは自然なこと」であるとすれば、本来ならば同性どうしの手つなぎも自然な行為のはずだろう。しかし、学生たちがいうように、たしかに街ではそういった光景を見かけない。同性を愛する人たちは、街で手をつなぎたくないのか。もちろん、そうではないだろう。

　街で同性どうしの手つなぎを見かけないことの答えは、学生たちの反応に体現されていたといえる。彼らは笑われたくないし、気持ち悪いなどといわれた

くないのではないだろうか。すなわち、偏見にみちた差別的なまなざしを向けられたくないというのが、街で同性どうしの手つなぎを見かけない主要な理由だと考えられる。

　同性どうしの手つなぎに見た反応は、「公正・公平な目」による帰結ではなく、「差別・偏見のまなざし」といえるだろう。しかし私たちはそれを「差別・偏見のまなざし」であるとは意識してはいなかったはずである。人権が声高に叫ばれる社会にあって、明確な差別意識をもって他者を差別する人間はもはや少ない。そのまなざしが「差別・偏見」であると知っていたなら、私たちはけっして笑ったり、気持ち悪いなどといったりしなかったのではなかろうか。

　しかし、私たちは知らず知らずに「差別・偏見の目」をもってしまう場合があるのだ。このように私たちに「差別・偏見の目」をもたせてしまうもの、いい換えれば、私たちの「差別・偏見の目」を気づきにくくしているものの原因として、ここでは「文化」というものがもっている性質のなかでも特に人間の思考のあり方、価値観を形作るものとして、「集合心性（仏 mentalité collective)」という用語を加えておきたい。集合心性は、ある時代、ある社会や社会集団に属する人々に共有されている感情や思考のパターンなど、無意識レベルから意識レベルで共有される思考の総体をさす用語である。この実験の場合であれば、今の時代にこの日本社会で生きている私たちは、「愛し合っている人たちは異性である」と思考する集合心性をもち、その価値観を共有していると考えられる。そして異性が愛し合うという意識を集団全体の価値観として共有するがゆえに、これが常識や「正しさ」の意識となり、それ以外の思考に違和を覚えたり、排他的に判断しがちになる。このように差別・偏見を生みだしやすい構造を、集合心性はもっているのである。

(4)「日本人としての自覚」から「公正・公平な目」へ

　もちろん、「集合心性」のすべてが「差別・偏見の目」につながるわけではないだろう。たとえば、日本社会における守るべき「枠」の最高峰ともいえる「憲法」（憲法第24条１項）では、結婚は異性間のものであるとする婚姻制度が規定されているが、現在アメリカの複数州、オランダやスペインなどの複数の

ヨーロッパ諸国など、多くの地域では近年法律の改正が進み、同性婚が認められる社会が広がりつつある。これらの国々で手つなぎの実験をしたならば、おそらく異なる割合で結果が得られるだろう。こうした国々の人間がもっている同性愛に関する「集合心性」は、公正・公平を判断する基準は単純ではない、という主張からすると、私たちのものより多文化的な道徳観念へときたえられていると想像できる。

　道徳的価値とは、幾重にも折り重なる多重・多層的なものであった。したがって「日本人」として培ってきたもののなかにも、他者を受容するいくつもの豊かな「集合心性」が存在すると思われる。私たちは「公平・公正な目」に近づいた多文化的なものと、「差別・偏見のまなざし」をもたらしてしまう「当たり前」の感覚とを見分け、後者を、多文化を受容できる「公正・公平」なものへと成長させていかなければならないだろう。そのために私たちは、自分たちの「当たり前」を、もう一度問い直していく必要があるのである。

　それでは、そのような実践はいかに可能になるだろうか。私たちは自分と異なる考え方や道徳的観念をもっている他者に出会う時、まず自分が日常生活のなかで「日本人」として培ってきた偏った道徳的観念をもっていることを自覚し、自分の「正しさ」の感覚を宙吊りにして見ることが必要だろう。公共スペースで喫煙している他者は、いわゆる現代的な「日本人」として培われた文化を有しない異なった枠組みをもった他者かもしれないし、外国人かもしれない。そうであるなら、人それぞれさまざまな角度から道徳を捉えていることや、自分（私たち）のもつ道徳観念の方に「偏り」がある可能性についてもよく考えてみないといけない。そのように、自分の当たり前に思っている「正しさ」の感覚に疑問をもち、自分の判断を一旦わからなくさせる時にはじめて、他者が悪いわけではないかもしれない、他者の考え方はどのようなものなのか、といった他者の方に意見を求めてみようという動機が生まれ、対話の可能性にひらかれる。

　対話のなかでは、たとえば先述の喫煙者と非喫煙者とは、自分たちの道徳観念が「生命尊重」という一つの目的を共有していたこと、そのうち喫煙者の方は人類・生物の存続といった長い目で道徳的価値を見定めており、他方、非喫

煙者の方は、目の前にある生命、健康に焦点をあてて物事を考えがちであったことなどが反省的に捉えられるようになるかもしれない。そして生命を守っていくためには、それぞれが大切にしていた道徳的価値のその両方が一続きのものとして必要だったことに気づくかもしれない。

このように日本の社会に生活することで知らずに身についた文化性を意識することで、一方的に正しさを振りかざすことができる立場を失う時、私たちははじめて、文化のちがいによって比重が異なる多様な道徳的価値を、「対等な価値」として見ることのできる目、すなわち「公正・公平の目」をもつことができるようになるのではないだろうか。そして「公正・公平な目」に基づいて展開される対話というものは、両者の道徳心の成長を促し、多様な考え方を尊重できる多文化的な道徳を身につける可能性をひらくだろう。

5 おわりに：道徳のアンラーン

最後に、「アンラーン（unlearn）」という言葉を紹介しておきたい。これは哲学者である鶴見俊輔が、アメリカ留学中に偶然出会うことがかなったヘレン・ケラーから聞いた言葉として広く知られている用語である。一般的に「アンラーン」は、学び取ったものを「捨て去る」「忘れる」などと訳されるが、ヘレン・ケラーの言葉のニュアンスをこれらの訳語では満たせないと考えた鶴見は、これに加えて、一度学んだものを自分の身の丈にあうように「学びほぐす」ことと訳している。

上記に見てきた多文化社会に求められている道徳とは、まさに鶴見の訳した「アンラーン」という言葉に体現できるものではなかったろうか。求められていたものは、今までとはちがう何か新しい道徳を身につけるといったことではなかった。そうではなく、私たちにそれとは知らずに染みついてしまっている「日本人」としての道徳的枠組みを、鶴見の言葉のように「学びほぐす」ことにほかならなかったといえよう。そこで、自分の当たり前に思っている「正しさ」の感覚を柔軟に問い直し、よりよいものへと作り直していく作業を、本章では「道徳のアンラーン」として規定しておきたい。

道徳のアンラーンにとって、他者存在は欠かせないものである。他者との異なりに出会う時やその後の対話のなかで、私たちは「当たり前」になってしまっていた「日本人」として身についている道徳的枠組みを自覚する契機を豊富に得るからである。そして、他者とともに互いの道徳心をアンラーンしていく先には、「差別・偏見のない公正で公平な社会」、豊かな多文化共生社会というものが見えてくるにちがいない。

注

◆1　多文化主義、多文化教育などの「多文化」の用語に関する考え方としては世界的に多様な議論がなされている。ここではアメリカにおける多文化教育の第一人者として知られる、J.A.バンクスによるものを紹介しておこう（J.A.バンクス／平沢安政訳『入門　多文化教育――新しい時代の学校づくり』（明石書店、1999年））。まず、多文化教育の定義としてバンクスは、国外の多様性について問題とするのが国際理解教育であるのに対し、多文化教育とは、国内の多様性の問題に焦点をあてた教育であるとしている。また、文化という時の対象には、人種や国籍、民族など国家間の摩擦の原因になりがちなカテゴリーに限らず、社会階層、言語、ジェンダー、性的指向、宗教、能力、障がいなど、人間に付与されうるあらゆる差異が想定されている。本章も、日本の道徳教育のあり方を、国内における文化の多様性に応答できるものにすることを課題としているため、バンクスの示したものと同様の意味で「多文化」の用語を使用することとする。

◆2　隣国・韓国では、女性どうしが手をつないだり腕をくんで歩いたりする光景をよく目にする。これは日本文化との集合心性の異なりといえるが、それは韓国が同性愛を容認する文化をもつためではなく、あくまで女性特有の友情の形と考えられている。また儒教思想を重んじる韓国社会では公共の場における開放的な恋愛光景の方が嫌われるということがありえ、韓国で同じ実験を行った場合、特に年配者の間では女性間の手つなぎよりも異性間の手つなぎに違和感を示す人が多くなる可能性も考えられる。

◆3　日本では戦前・戦中まで、「女は黙って男の三歩後ろを歩く」といった男尊女卑的な公共意識を共有していた。したがってこの思考パターンは、戦後に生まれた、公正・公平さへと前進した新しい集合心性であると考えられる。

参考文献

アリエス、Ph./杉山光信・杉山恵美子訳『〈子ども〉の誕生――アンシャン・レジーム期の子どもと家族生活』みすず書房、1980年（原著：Ariès, Ph., 1960,

L'enfant et la vie familia le sous l'Ancien rêgime, Plon.)。
鶴見俊輔『かくれ佛教』ダイヤモンド社、2010年。
バンクス、J.A./平沢安政訳『入門　多文化教育──新しい時代の学校づくり』明石書店、1999年（原著：Banks, J. A., 1994, An Introduction to Multicultural Education, Allyn and Bacon.)。

【高橋　舞】

第Ⅲ部

道徳教育の実際

第8章　さまざまな学校における道徳教育

1　はじめに

　本章の2節から5節は、道徳教育に向き合おうとする新任教員や学生の悩みや逡巡を描くことを主題としている。それぞれの節は、教育現場で日々教育実践に従事している現職教員の方々へのインタビューをもとにしているが、語り手となる「私」は創作の人物である。彼らの語りを、教員の日常的な取り組みとして道徳教育を考える契機としてほしい。なお、本章作成にあたっては、銭本三千宏先生（大阪市立本田小学校）、辻恭平先生（大阪市立弁天小学校）、西村府子先生（京都市立中学校教員）、篁嘉朗先生（京都府立莵道高等学校）をはじめ、多くの方々からお話をうかがう機会に恵まれた。ここに感謝申し上げたい。

　6節は、日本の公立学校とは異なる教育を実践しているシュタイナー学校における道徳教育について紹介する。

【辻　敦子】

2　小学校における道徳教育

(1)「クラスの決まり」をまもること

　私は、3月に大学を卒業し、4月から念願の小学校教員となった。新任教員である私は、道徳とは、社会において人が人と共に生きる上での振る舞い方を形作る「決まり」である、と考えていた。この決まりをまもらない者は、社会生活を妨げる者として、非難や排除の対象となってしまうこともある。だから私たち教員は、道徳の時間において、そして、学校生活全般での道徳的かかわ

りにおいて、学校やクラスの決まりを教えることで、子どもたちに「『こっち』においでよ、いっしょに仲良くしよう」と呼びかけるのだ。ところが、このような当たり前の呼びかけがなかなかうまくいかない。これはなぜなのだろうか。また、なぜ「うまくいかない」と感じるのだろうか。自分の1年生のクラス作りを振り返ってみると、この理由が少し見えてくるように思う。

(2) 学校生活における「習慣」としての道徳

　新任教員として、はじめて1年生の子どもたちの前に立つ私の目の前に広がった教室の様子は、まさしく蜂の巣をつついたような大騒ぎであった。みんながてんでに横やうしろを向いて話し、教室のなかで追いかけっこをし、椅子の上に胡座をかき机に頬杖をつく。そして、私のいる教壇までやってきて何くれと質問をする。この状態では私の指示が届くはずもないのだが、今日一日のスケジュールをこなさなければならないという焦りから、いらいらした気持ちで子どもたちに接してしまうことになる。

　教員として採用される前に授業の学生サポーターをしていた時は、決められた号令に子どもたちを一様に従わせることに対して戸惑いを感じることがあった。教員になってこの戸惑いがなくなったというわけではないが、1年生の子どもたちは、そもそも教室のなかでどのように振る舞うべきなのかがわかっていない。今やるべきことにクラスのみんなが集中するためには、教員が指揮棒を振って、集中のきっかけとなる合図を送る役割を担う必要があるのだ。それは、「うちのクラス」の形を描いていくことでもある。

　私は、クラスのみんながいっしょに仲良く生活していくためには、どうすればいいのかを、道徳の時間に話すことにした。授業の始まりには、「気をつけ」の号令でびしっと姿勢を正して、みんなで挨拶をしよう。授業中も、ふらふらせずにまっすぐ座ろう。これらのことをクラスの決まりとして、お互いに注意し合いながらみんなでまもっていこう。私は、少しずつでも、人の話を集中して聞くことができるようなクラスの形を作っていかなければと考えていた。

（3）人とのかかわり方への「反省」としての道徳

　だがしばらくすると、決まりをまもることにこだわるあまり、決まりがまもられていないことを子どもどうしで過度に注意し合うという状態に陥った。「だめなところ」や「できていないところ」を探す目でお互いを見てしまうのだ。たとえば「気をつけ」でみんなの集中がぐっと高まった瞬間に、ある子どもが「今椅子に触ったらだめ！」と注意する。すると、「うしろ向いて注意したらだめ！」と別の子どもの声が上がる。いっしょに勉強する姿勢へとゆるやかに象られはじめていたクラスの形が、ふたたびわらわらと不定形になる。休み時間や自習時間などには、注意のし合いからケンカがはじまることも多いようだ。私は道徳の時間に、決まりをまもるためという理由からケンカが起きている状況を振り返りながら、友達とのかかわり方について子どもたちと話し合った。

　「どうしてケンカになったんだと思う？」「Aくんがちゃんとしてなかったから。」「Aくんは、すごくきついいい方で注意されたって怒ってたんだよね？」「うん。あんないい方しなくていいのにって思った。」「どうしてちゃんとしなかったのってAくんに聞いてみた？」「聞かなかったけど、せんせいがルールをまもらなきゃだめだっていったんだよ。」「そうだねぇ。でもクラスのルールをまもるって、友達のだめなところを探すことなのかな？」「でも、だめなところを教えてあげないとわかんないよ。」「どんないい方で教えてあげるかも大事だと思うよ。だめなところばかり探していたら、クラスのみんながいっしょに仲良く勉強したり遊んだりできないんじゃないかな。」

　前回の話し合いで決まりをまもろうといった私が、今回は決まりをただまもるだけではだめだという。子どもたちにしてみれば、変な話に聞こえたのかもしれない。私は「決まりをまもろう」ということに、みんなでいっしょに仲良くしようというメッセージを込めていた。だが子どもたちには、決まりをまもらないことはだめなことだから、決まりをまもらない子はだめな子なのだという部分がクローズアップされて伝わっていたのだ。自分にとって当たり前に思えることが、こんなにも伝わりにくいとは。こうして私の「うまくいかない感」は、焦る気持ちとともに高まっていった。

(4)「こっち」のあり方を捉え直す道徳の時間

　子どもたちのことやクラスのあり方について、同僚の教員たちと話をする機会は多い。いろいろと話をしながら、「いっしょに仲良くしよう」というのが意外に難しいよねと頷き合う。ある先輩教員は、仲良くするのが当たり前だと思うから、難しく感じるのではないかという。もちろん、人と人とのかかわりなしに社会で生きていくことはできない。しかし、人間とはこういうものだというイメージや、その人間が集うことで形作られている社会のあり方を「当たり前」としてしまうと、自分が想定していなかった子どもの言葉に出会った時、応答できなくなることもある。それぞれの子どもが置かれている状況の違いは、教員の話に対するそれぞれに異なる受けとめ方を生むのだ。だから、子どもが教員の話をどのように受けとめるのかは、話をしてみないとわからない、と先輩教員はいう。

　私は、いっしょに仲良くして当たり前というところから、子どもたちに語りかけていたのかもしれない。それが、私の「うまくいかない感」の原因だったのだろうか。もちろん、いっしょに仲良く何かに取り組むことができるクラスになっていきたい。けれど、私の話をそれぞれに受けとめた子どもたちの言葉に応答していくなかで、学校やクラスについていつの間にか「当たり前」を想定してしまっている「こっち」の意識や言動の形も常に変わっていくだろうと思うし、変わっていきたいとも思う。

(5)「余白」をまもるクラスづくり

　私のクラスでは、お互いへの注意をきっかけとしてケンカになる場面がまだまだ多い。決まりを徹底することは、人と人とが共に生活するという動きを生みだすための何か、いわば、常に新たな書き込みが可能な余白のような何かを切り落としてしまうこともあるのだ。どうすればこの余白を切り落としてしまうことなく、ケンカを（あまり）しないでいっしょに勉強していくことができるのか。これをクラスのみんなで考えていくことが、当面の課題となるのだろう。また、クラスづくりが「うまくいかない」と感じる私自身が、多くのことを「当たり前」として子どもたちに語りかけているということにも、できるだ

け意識的でありたいと思う。「当たり前」にとどまっている方が、教員自身が変わる必要がないという意味で楽なのかもしれない。だが、教員は「こっちにおいでよ」と呼びかけ続けるだけでなく、自身を含めて「こっち」のあり方を反省し変えていくことにも努力すべきなのだろう。「うちのクラス」は、ゆるやかな形を描きながら今日も動き続けているのだから。

【辻　敦子】

3　中学校における道徳教育

(1) 地域的特徴と道徳の時間における配慮

　私はこの春から中学校に勤務している。その学校の校区には、在日韓国・朝鮮人のコミュニティがある。長きにわたり肩を寄せ合って生活してきたからか、このコミュニティに暮らす人たちは情に厚い。先輩教員とともに地域をまわると、あちこちから「パンモゴッソヨ？」と声がかかる。「ネ（はい）」と笑顔で答える先輩教員は、「ご飯食べた？」という意味のこの言葉が、「こんにちは」の挨拶なのだと私に教えてくれる。

　在日コミュニティという特徴をもつ地域において、道徳教育はどうあるべきなのだろう。教員はどのようなことに気をつけるべきなのだろうか。そのような思いから、いろいろな勉強会や研究会の情報を集めている私の様子を見た先輩教員は、自分が新任だったころを思い出す、と少し困ったようにいう。彼女は、地域の人たちとともに積み重ねていく時間のなかで、知らずに身につけていた「気負いのよろい」を、少しずつ脱ぐことができたそうだ。「まずは目の前の子どもたちをよく見てみなよ。研究会に足を運ぶのはその後でも大丈夫」と先輩教員はいう。

　そういわれて、あらためて教室を見渡してみると、どのクラスでも、本当に中学生かと疑いたくなるほど無邪気な子どもが多いように思える。国語の授業で、みんなが手を挙げて教科書を音読したいという様子に驚いたこともある。中学生くらいになると、みんなの前で音読することを恥ずかしがるものだと思っていたからだ。この無邪気さの背景には、地域の密な人間関係において育

まれた大人への信頼感といったものがあるのかもしれない。先輩教員によると、子どもたちは3年間で少しずつ「大人」になっていくそうだ。では、この地域で長く教員をしてきた先輩教員は、道徳の時間にどのような取り組みをしているのだろうか。「特別なことは何もない」といいながら、先輩教員は自分の取り組みについて話してくれた。

(2) 感想を「積み重ねる」取り組み
▶先輩が道徳の時間に気をつけていることって、どんなことですか？

　　道徳的にものを考えるという場合、「正しいこと」と「正しくないこと」の区別ができることは、もちろん必要。でも、道徳の時間では、読み物資料とか映画とかいった道徳教材についての、いろんな感想や考えが出てきたところで毎回授業が完結する、というのでもいいんじゃないかと私は考えている。その後で、自分や他の子たちが考えたことを、言葉を通じて振り返る機会をもつことが大事なんだと思うの。だから子どもたちには、授業のなかで、とにかく自分の思いをどんどん書いてもらうようにしている。

▶感想を書いてもらうために、ワークシートを使って授業を進めてらっしゃいますよね？　授業を見せていただいた時、資料のどこに注目すればいいのかよくわかっていいなと思いました。発問もシンプルで、コメントボックスもそんなに大きくないから、子どもたちも考えを出しやすいだろうなって。

　　コメントボックスという枠組みがあると、けっこう書きやすいみたい。よくあるのは「信じられない！」とか「許せない！」とかいう感情的なコメントかな。差別の問題なんかに対しては、それが素直な反応なんだろうね。でも、発問に対する短い感想から、子どもたちの真剣に考えるエネルギーを感じることも多いよ。

▶問いかけられてはじめて考えられることってありますよね。

　　そうそう、あるよね。ワークシートに書いてくれた感想や考えは、学級通信でフィードバックするようにしている。自分以外の人も一生懸命考えているということを、子どもたちに気づいてほしくて。

▶道徳の時間で考えたことを振り返る機会は他にもあるんですか？

　1年分のワークシートをまとめておいて、3学期の終わりに「どさっ」と返却することもしている。赤ペンで短いコメントをつけて返すんだけれど、私は、子どもたちが書いたことを、できるだけ否定しないように心がけている。自分の言葉が認められることは、人とのかかわりを豊かにしていく上で、とても重要な体験だと思っているからね。

▶ワークシートの束を受け取った時、みんなはどんな感じなんですか？

　いろいろだよ。友達と見せ合いながら、わいわいと盛り上がる子もいるし、一人で黙々と読み入る子もいる。もちろん、ワークシートの詰まった袋をそのままぽいっとゴミ箱に突っ込んでしまう子もいる。

▶自分が書いた言葉を読んだ子たちは、どんなことを考えるんでしょうね。

　ほんと、どんなことを考えるんだろうね。きっと、こんなことを考えてたんだって、驚くこともあると思う。それを面白いと思ってくれたらいいんだけど……。みんなにワークシートを返す時を楽しみにして、私は1年間授業をしているのかもしれない。

(3) 道徳の時間と10年後の子どもたち

　先輩教員は、3年生になった子どもたちとの道徳の時間における取り組みについても語ってくれた。それは、子どもたちに、「卒業式1日前の私」に向けた手紙を書いてもらうというものだ。手紙を書くことにどのような姿勢で取り組むのか、卒業式1日前に手紙を開いた時どのような反応を見せるのかについても、また、それぞれだという。

　中学校で過ごす3年間はあっという間だ。だが、在日コミュニティが根ざすこの地域では、高校卒業後も地域に残ったり、一度出ていってもまた帰ってきたりする人が多い。そのため、教員と子どもとの関係が3年間だけで終わってしまうことはほとんどないそうだ。実際に、多くの卒業生が職員室に顔を見せている。卒業後も何かと学校にやって来て、たわいもない話をしては、少しすっきりした顔で帰っていく、もう「子ども」とは呼べないはずの彼や彼女たち。「さっき遊びに来ていた子に、『今度は俺が先生の面倒をみてやるよ』って

いわれたわ。何をいってんだろうね、あの子」という先輩教員の顔からは笑いがこぼれる。卒業後は、教育実習以外で母校に足を踏み入れることがなかった私は、職員室で繰り広げられるやり取りを見ていると、「ああ、こういう関係の続き方もあるのだ」と、少しうらやましいような気持ちになってしまう。教員になったばかりの私は、先輩教員を訪ねてくる、大きくなった子どもたちの方に自分を重ねているようだ。

先輩教員は、道徳の時間において大切なことは、子どもたちの意見を否定せず認めていくことだと話してくれた。私は、それとともに彼女が大事にしていることがもう一つあるように感じる。それは、中学校を卒業した後の子どもたちのことだ。目の前にいる子どもたちを、10年後、20年後の彼らに重ねて見守るまなざし。このまなざしが、道徳の時間を奥行きあるものにしているのではないだろうか。私は、地域の特殊性を意識するあまり、なんとかして「あるべき道徳の時間」についての情報を得ようと焦っていた。配慮に欠いた過ちを犯したくなかったからだ。だがそれは、子どもたちのことよりも、「教員としてあるべき自分」のことを考えた焦りだったのかもしれない。教員として年月を重ねていくなかで、目の前にいる子どもたちの10年後、20年後の生活をもまなざせるようになっていけるのだろうか。今は、自分の10年後すらうまくイメージすることができない。ともあれ、まずは明日の道徳の時間に向けて、準備することからはじめようと思う。

【辻　敦子】

4　高等学校における道徳教育

(1) はじめに

学習指導要領に従えば、高等学校における道徳教育は「人間としての在り方生き方に関する教育」として、学校の教育活動全体を通じて行うことが求められている。

ところで、そもそも「人間としての在り方生き方に関する教育」とは何だろうか。道徳教育に際して教員に求められるのは、生徒に対して一定の生き方の

指針を示すことなのだろうか。それとも、「私は何のために生きているんだろう」、「私って何?」など、この年ごろの生徒が抱きがちな問いに対して、何らかの答えを与えること、だろうか。その時、「教師は生徒にとって『鏡』であるべき」という言説は今もなお変わらぬ意味をもち続けているのだろうか。社会全体におけるモラルの低下が声高に叫ばれる今日において、「鏡」とまではいかなくとも、教員は生徒に教えるに足るだけ「人間としての在り方生き方」について知っているべきなのだろう。だが、仮にそうだとして、はたしてそれはどのような次元での、どのような種類の知り方であればよいのだろうか。

「人間としての在り方生き方」という壮大で抽象的な言葉を前に、たくさんの問いがわき起こってくる。ただし、それらの問いは私たちをワクワクさせるような類のものばかりではないだろう。むしろそれらは何ともいえない苛立ち、あるいは、私たちにその問いの先へと進むことを躊躇(ちゅうちょ)させるようなあいまいさを伴ってはいないだろうか。以下では、道徳教育につきまとうこの独特の感覚について、とある新任教員の頭のなかをのぞいてみるというスタイルを通じて考えてみたい。

(2) 道徳教育をめぐる新任教員の徒然考

「人間としての在り方生き方」を教えるとはどういうことだろう。挨拶をきちんとする、校則を守る、物事を途中で投げ出さない、何事にも主体的に一生懸命取り組む。部落差別や障がい者に対する差別、薬物の危険性など、社会的な問題に関心をもち、正しい知識を身につけ正しく行動すること、等々。どれも大切で当たり前のことばかりだが、実際にはすべて完璧にできている生徒はそうはいないから、生徒を注意したり叱ったりするわけである。学校という日常のなかで、生徒を叱ることは日常茶飯事だ。遅刻をしてくる生徒、授業中に私語の多い生徒、スカート丈を短くするなど制服に加工をしてくる生徒、もう少し深刻なところでいえば、試験中に不正行為をする生徒、クラスメイトに対して差別的な言動をする生徒、等々。

生徒に対して叱るという否定的行為を通じて関係をもつことは、後ろ向きの仕事に思えて、ストレスを感じることがしばしばだ。もちろん、教員が個人的

な感覚で生徒を裁くわけではない。基本的には校則に違反しているかどうかが一つの目安となる。校則で網羅しきれない事例については常識に照らして判断し、常識外れの言動は正すよう指導する。ただ、大きな声ではいえないが、校則や常識とは存外にもろいものでもあると思う。それに人間なら誰しも、「わかっちゃいるけどやめられない」ということもある。

　また、最近の生徒は何となく打っても響かない感じがするという話をよく耳にする。唾を飛ばして叱咤する教員を前に、叱られた生徒は悪意なく呆然と突っ立っているなど、何となくかみ合わないのだ。それに高校生ともなれば、表立って口には出さなくても「間違いを犯すのが人間だ」とか、「パーマをかけたからって誰にも迷惑をかけてない」、「なぜ授業時間をつぶしてまで、道徳のビデオを見なければいけないのか」、「道徳教育で差別について教えるから、かえってそれが差別の継続につながっているのではないか」、「差別を受けたと訴えている人の側は神経質になりすぎている感じがして、そんなことまで要求されてもと思う」等々、それなりに辛辣な意見ももつようになる。ここで「なんて生意気な！」と一喝してしまうことは容易いが、一端にそういう意見を口にしはじめた彼らとこそ、もう一歩踏み込んで対話をしてみたいとも思う。彼らをやり込めてやろうというのではない。それらの否定的な意見のなかには、惰性からはけっして生まれない、ほんとうの問いも含まれているはずだから。きっとそれらは彼らにとっての問いであるだけでなく、私にとっての問いでもあるということなのだろう。

　そういう意味では、生徒にとって模範となるような教員とは何だろう。正直にいうと、そういう考え方に窮屈さを覚えることもあるし、「『先生』という役割として何かをする」という発想にはまだうまくなじめない。自分自身の内側で「先生」になりきれない部分が、小さな違和感を訴えている。それでも、この小さな違和感を手放してしまうと、彼らの前に上手に立てない、そんな予感もするから厄介だ。

　問題は叱るとか叱らないとかいうことではないのだろう。そうではなくて、伝わらないもどかしさを前に、そして自信をもちきれない自分を隠さずに、思いを伝え続けるということ。借り物ではない、自分自身の言葉で。

明日、生徒たちを前に私はどんな言葉をかけるだろうか。

(3)「問う」ことと道徳教育

　高校生にもなれば、ある程度本音と建て前の使い分けができるものである。そして道徳というものは往々にして、建て前の側に属するものだと感じている生徒は少なくない。そうした生徒からは、道徳教育に対して、先の事例（「道徳教育をめぐる新任教員の徒然考」）に見られるような、否定的な意見が出されることもしばしばである。そうした意見を、彼らが道徳教育を通じて学ぶべきことがらを充分に身につけられなかった結果であると評価し、指導の対象とみなすことは容易いが、道徳教育において問題にすべきなのは、それらの否定的意見だけだろうか。

　そもそも、本音と建て前という理解の仕方の背後には二つの立場があると考えられる。一つは本音を重視し建て前を否定的に捉える立場、そしてもう一方は、そのような疑問や不快感を抱くことなく、本音と建て前という考え方をごく自然に受け入れている立場である。一般的には、前者は後者に比べて幼い考え方だということになるだろう。しかし、見方を変えれば、後者の立場には、道徳教育において与えられる知識や情報を一方的に受容し、小さな違和感を「まあいいか」とやり過ごしてしまう姿勢が、あるいは、「なぜ」、「どうして」と問うことなしに、「そういうものなのか」と理解することが習慣化してしまっている様が、見いだされはしないだろうか。

　「人間としての在り方生き方」について考える上で、「問い」をもつことはとても重要である。なぜなら、「なぜ」、「どうして」という問いの前には、その事象と自らの日常（つまり、自身の経験や知識）とを接続するというプロセスが必ず含まれているからである。大切なのは、真面目に「なぜ」と「問う」訓練をすることである。その真面目さの先には、計り知れない広がりがある。その広がりにおいて私たちは、ほんとうの意味で世界と、そして他者と出会うだろう。その出会いを根底で支えているのは、各人の内に芽生えたほんとうの問いにほかならない。ほんとうの問いへと一歩を踏み出すための道徳教育——それを通じてはじめて、声なき声に耳をすまし、見えないものに注意を注ぐ、道徳

的認識力、および行動力が育まれてゆくだろう。

【池田　華子】

5　特別支援学校における道徳教育

(1) 障がいのある子どもたちにとっての道徳教育

　大学生の私は、障がいのある子どもたちと、放課後や休みの日をともに過ごすことを主な活動とするサークルに参加してきた。人とかかわりをもつことの難しい子どもが、そばに居させてくれたり、ふと手を握り返してくれたりすると、とても嬉しい。私は、子どもとのつながりを感じられる、ちょっとした瞬間に喜びを感じるようになっていた。障がいのある子どもと遊ぶ機会のない友人には「たいへんでしょう？」と聞かれることもあったが、そのたびに私は「別に普通だよ。楽しいからやっているんだし」と答えていた。障がいのある子どもを特別視してほしくなかったし、彼らと過ごすことを私が本当に楽しんでいたからだ。

　しかし、サークル活動を続けるなかで、障がいのある子どもたちとのかかわりに、私自身の喜びや楽しみを見いだすだけでいいのだろうかと思うようになった。障がいのある子どもたちが社会の一員として生活していくために、彼らにとって必要なことを、もっと考えなくてはいけないのではないか。学生である私がそのためにできることは何なのだろう……。このような思いを行ったり来たりしていた私は、特別支援学校でどのような道徳教育が行われているのかに興味をもつようになり、それを卒業論文の研究テーマとすることにした。指導教員にこのテーマを相談したところ、聾学校小学部の道徳の時間を参観させていただけることになった。特別支援学校での子どもたちの生活を垣間見るよい機会になると思い、さっそく学校訪問させていただくことにした。

(2) 聾学校における道徳の時間 ：「特別なことは何もない」

　聾学校での道徳の時間においても、道徳的に物事を捉えるために取り上げられているテーマや、「人とのかかわり方」へと子どもたちの意識を向けていく

先生の働きかけは、通常の学校と変わりない。だが、先生たちの子どもに対する働きかけには「目にうったえる」という聾学校特有の配慮がある。私たちは、人の表情や立ち居振る舞いの様子からだけでなく、無意識的に聞いている音からも、人の気持ちの動きを感じ取っている。つまり、聞こえないということは、コミュニケーションの手がかりが少ないということなのだ。だからこそ、聾学校では、ことばのニュアンスなどで暗に伝わるであろうことを、意識的に目に見える形で言葉にしていく必要がある。子どもたちと先生たちの、言葉を形作る手の動きを見ながら、私はこのようなことを考えていた。

　授業を参観させていただいた後、先生たちにお話をうかがうことができた。特別支援学校における道徳教育をテーマとして卒業論文に取り組もうとしていると私が切り出すと、先生たちからは、「特別変わったことはないと思うんだけど……」という言葉が返ってきた。私はまず、通常学校と特別支援学校の間で行われている、障がいのない子どもと障がいのある子どもとの交流を、先生たちがどのように考えているのか聞いてみた。このような交流は、通常学校の観点から、障害のない子どもが、障がいのある子どもについての理解や認識を深めるための体験活動と意味づけられる場合が多いように思える。だから私は、通常学校の子どもたちとの交流が、障害のある子どもたちにとってどのような意味をもつのかを問うてみたかったのだ。

　この問いに対して先生たちは、私がいう意味での通常学校と同じような観点（自分とは異なる特質をもつ人について知ること）からの異種学校間交流が、聾学校でも行われているとして、盲学校との交流についてお話くださった。この交流では、聾学校の子どもたちが点字を、盲学校の子どもたちが手話をそれぞれ学ぶことによって、いろいろなコミュニケーションの方法があることを子どもたちは理解する。子どもたちからは「通じ合おうと思うと、通じ合える」という感想が出てきたそうだ。先生のお一人は、「障がいのない子どもと障がいのある子ども」というように、子どもたちをわざわざ区別しなくてもいいのではないかとおっしゃった。

　次に私は、気持ちや感情といった目には見えないことを、「目に見える言葉」として表していくことに、どのような意識で取り組んでいらっしゃるのか聞い

てみた。人の気持ちを感じ取る手がかりの少ない子どもたちに対して、先生たちは意識的に気持ちを言葉にしているのではないだろうか。そして、それが聾学校特有の道徳的かかわりを生んでいるのではないか。だが、先生たちは、気持ちを意識的に目に見える言葉にしようと考えているわけではないけどなぁ……とおっしゃる。

　ただ、手話は見ていなければ伝わらない言葉なので、伝えたいことを最後まで伝えきることが難しい場合はあるという。意識的に手話から目をそらせば、子どもたちは完全に「耳」をふさぐことができてしまうからだ。また、聾学校では、少人数で学校生活を送ることになるので、人にもまれるという経験があまりない。そのため、聾学校の子どもたちは、人との関係においてうまくいかないことが多いようだともおっしゃった。

　手話という言葉の特徴ゆえに、聾学校の子どもたちは自分の意志でコミュニケーションを遮断してしまうこともある。それは、彼らが対人関係にストレスを感じやすいためでもあるだろう。やはり先生たちは、日常的な道徳的かかわりにおいて、このような子どもたちの特徴に「特別」な配慮をしているのではないだろうか。先生たちにお礼を述べて聾学校を出た時、私のなかには、うまく質問することができなかったという感覚が残っていた。

(3)「普通」という答え方を振り返って

　私の問いは「聾学校の子どもたちにとっての道徳教育とは何か」というものだった。これに対して先生たちは、揃って「特別なことは何もない」と答えられた。聾学校と聞くと特別なように思えるかもしれないが、自分たちにとっては勤務校がたまたま聾学校だったというだけなのだ、と。たしかに、先生たちが聾学校で学ぶ子どもたちを特別だと思っていないことが、子どもたちやその親たちとの豊かで深いかかわりを生んでいるのだろう。だが、聾学校に着任した当初から、聾学校における子どもたちとのかかわりに「特別なことは何もない」と思っていたわけではないのではないか。先生たちには、「特別なことは何もない」とあえていう理由が（たとえそれが意識されていなかったとしても）何かあるのではないだろうか。

私は、障がいのある子どもとのかかわりを「普通だ」といってきたが、サークル活動をはじめたころは、私も彼らを特別扱いしていた。たとえば、知的な障がいのある子どもが、感情を抑えきれなくなった時に、叩いたり髪を引っ張ったりすることは、仕方がないことだと思っていた。だが、そう思うだけでは関係を築いていくことはできない。だからこそ、彼らのかかわり方に自分をなじませてきたのだった。そうしたかかわりのなかで、それぞれの子どもに応じた特別な配慮をすることこそが、私にとっての「普通」になっていったのではなかったか。

　「特別なことは何もない」という理由を、聾学校の先生たちに聞いてみたかったが、結局聞けないままになっている。私と話している時にも、聾学校の先生たちは自然と手話をしていた。聾学校で学ぶ子どもたちとのかかわりが、文字通り身体化しているのだろう。「聾学校の子どもたちにとっての道徳教育とは何か」という問いは、特別支援学校で日常を送るようになれば、自然と私の意識から消えていくのだろうか。その時、もし、この問いを誰かに投げかけられたなら、それは私にどう響くのだろう。

【辻　敦子】

6　シュタイナー学校における道徳教育

(1) はじめに

　哲学者・人智学者・教育者R.シュタイナーの教育理論に基づくシュタイナー学校は、日本の小、中学校および高校の三つの段階を統合した12年制一貫教育の私立学校であるが、幼稚園とも連携しており、すぐれた人間教育として世界中に広まり注目を浴びている。2012(平成24)年現在、世界約60カ国に広がり、学校総数は1000校をこえる。

　シュタイナー学校は別名「道徳の学校」といわれるほど、道徳教育に力を注いでいる。しかし、この学校のカリキュラムを見てみると、わが国のような「道徳の時間」は存在しない。それはこの学校が、道徳教育をすべての教育活動のなかで行っているからである。

(2) シュタイナー学校の教育実践と道徳教育

　シュタイナー学校では、従来の「学校」のイメージを覆す教育実践が行われている。点数のつくテストがない、教科書がない、8年間一貫担任制、国語や算数などあらゆる教科や授業に芸術的な活動を取り入れる、毎年各学年で行われるクラス劇、病院や老人ホームなどでの社会実習などである。

　こうした教育実践は、この学校の道徳教育と大きく結びついている。シュタイナー学校の道徳教育では、わが国の「道徳の時間」でしばしば行われているような、道徳教育番組のテレビ鑑賞や「話し合い」などはいっさい行われない。言葉を用いて、知識として道徳的価値や道徳的概念を机上で学ぶこともない。道徳教育は、常に実際の教育活動のなかで行われる。道徳性は単なる言葉ではなく、実際の行為によって育まれる。以下、四つの教育実践を例に挙げ、考察しよう。

❶ 8年間一貫担任制：教師と子どもの信頼・敬愛の関係

　「今日も君に会えてうれしい」。教師が朝、校舎の入り口で登校してくる子どもたちを感謝と畏敬の念をもって出迎え、一人ひとりと握手を交わし、挨拶をする。教師が子どもを心から大切にし愛する時、子どもは自分を大切にしてくれる教師を信頼し、愛するようになる。シュタイナーによれば、信頼と敬愛の関係は、道徳教育の基盤である。

　「わぁ！　きれい!!」黒板いっぱいに描かれた、色とりどりの中世の街並みを見て、子どもたちの歓声が上がる。美術の時間ではない。歴史の時間である。シュタイナー学校では、算数や歴史など、あらゆる科目で絵が取り入れられる。黒板の絵はポスターや写真ではなく、すべて担任が描く。「先生すごい！」子どもは尊敬の眼差しで、教師を見つめる。

　担任の先生がいかに信頼し敬愛されている

朝、教室の入り口で握手を交わし、畏敬の念をもって子どもを迎える担任教師（オーストリア・ウィーンのシュタイナー学校1年生）

か、よくわかる。他人を信頼することは、あらゆる道徳教育の土台となるが、そのモデルをまず大人である教師が子どもに示すのである。そこでは教師自身のあり方が問われる。子どもに信頼されているかどうか、教師自身の人間性にかかっている。子どもは信頼できる大人、つまり教師のもとで学ぶことで、自分を成長させていく。この関係は、1年や2年という細切れの時間では成立しない。1年生から8年生（日本の中学2年生）まで、一人の担任が8年間持ち上がりで同じクラスを受けもつ。教師と子どもの信頼・敬愛の関係は、8年間という長い時間をかけ強固に築かれる。

自作の鳥の絵を黒板に貼り、子どもたちに説明する担任教師（オーストリア・ウィーンのシュタイナー学校4年生、「動物学」の時間）

❷ 低学年の「偉人伝・聖人伝」：生き方のお手本を学ぶ

　低学年では、「お話の時間」が大切にされている。この「お話の時間」では、教師が自分の生の言葉で、子どもに語り聞かせる。子どもは、物語を聞いて、そのイメージをよりはっきりさせるために、絵を描いたり、時には簡単な人形を作ったりする。

　子どもは幼児期にメルヘンのなかで、空想や夢の世界に浸る。その上で小学校に進むと、物語のなかにはより人間のあり方を意識した要素が入ってくる。さらに現実に生きた人間の物語へと入っていく。たとえば2年生では、『ありとキリギリス』などの寓話が取り上げられる。寓話には、人間の愚かな面が動物の姿を借りて描かれている。それとは対照的に、自分自身の内なる〈動物〉を克服した人の姿が描かれた物語、すなわち偉人伝や聖人伝が取り上げられる。たとえば『聖フランシスコ』の物語である。貧しい人を助ける、自分の信念を貫く……そこには、人間の模範となる道が示されている。寓話と聖人伝の

対比のなかで、人間がもつ二面性がくっきりと浮かび上がる。人として生きるにはどちらがよいか。子どもは人間の弱さや愚かさだけでなく、それらに打ち勝つ崇高な精神の偉大さを、物語を通して受け取り、学ぶ。

❸ クラス劇：思いやり、助け合い、クラスの結束、利己主義の克服

シュタイナー学校ではクラス劇が盛んに行われる。英語劇やフランス語劇などの外国語劇、歴史の授業で取り上げた「コロンブス」を題材にした歴史劇などである。毎年ほぼすべての学年でクラス劇が行われ、クラスの子ども全員が舞台に立つ。

低学年のクラス劇は、授業で学んだことに簡単な歌や踊りを取り入れた、15〜20分程度の寸劇である。学年が上がるにつれて、舞台装置や衣装は大がかりなものになり、台本の読み合わせ、演技、毎日の練習、音楽など、3カ月〜半年をかけて準備や練習を行う。ものづくりが上手な子、アイディアマン、みんなのまとめ役など、それぞれの個性を生かしながら役割分担し、みなで協力し互いに助け合う。

いよいよ上演だ。緊張が張り詰めるなか、時にはアクシデントも起こる。誰かがセリフを忘れたら、機転を利かして他の子がアドリブを入れ、お客さんは大爆笑。舞台裏でハラハラしながら見守っていたクラスメートは、思わずガッツポーズ！　舞台上でも舞台裏でも、子どもたちは一丸となる。

クラス劇（オーストラリア・マウントバーガーシュタイナー学校5年生）

各学年のクラスは、「クラス共同体」として捉えられる。この共同体は、子どものうちにお互いに理解し合う態度や他者を思いやり、違う個性や多様性を認め尊重する態度を育て、そのなかで子ども全員を一緒に成長へと導く学級集団である。上演に向けての練習や準備の過程、そして上演を経て、クラス全員の

団結や連帯、結束が生まれる。それは真の「クラス共同体」となる。あるべき道徳的社会の縮図である。ここでは「自分さえよければいい」という考え方は通用しない。自分の利己的欲望に支配されることなく、自発的に他人のために手助けすることが求められる。利己欲の克服は、シュタイナー学校の道徳教育における最大の課題である。

❹ 病院や老人ホームなどでの社会実習：援助を必要とする人と共に生きる

 11年生（日本の高校2年生）になると、クラス全員が約1カ月にわたって、病院や老人ホーム、障がい者施設などで社会実習を行う。肉体的、精神的な疾患を抱えた人たちやハンディキャップのある人たちなど、援助を必要とする人たちと共に生きる体験は、実際の行動を通して行われる道徳教育である。

 思春期から青年期にかけての本能的な男女間の異性愛は、時に歪んだ問題を引き起こす。単なる男女間の異性愛をこえた普遍的な人間愛は、私利私欲を克服し、お互い助け合い、協力し合う労働の生活や結婚生活など、後に社会生活を送る上で大切なことである。今や生徒たちは、自分の将来の人生をどのように設計し、生きていくか、という課題に向き合わなければならない。どのようにして社会とつながり、多様な人たちと連帯し、共生していくか。どのような人をも愛して生きる「隣人愛」や、普遍的な人間愛の育成は、青年が成人した後に、健全な社会生活を営む上で不可欠である。

参考文献

 広瀬綾子『演劇教育の理論と実践の研究——自由ヴァルドルフ学校の演劇教育』東信堂、2011年。
 広瀬俊雄・秦理恵子編著『未来を拓くシュタイナー教育』ミネルヴァ書房、2006年。

【広瀬　綾子】

資　料

1. 小学校学習指導要領 道徳 新旧対照表
2. 中学校学習指導要領 道徳 新旧対照表
3. 小学校第1学年 道徳学習指導案

資料1 小学校学習指導要領 道徳 新旧対照表

改訂	旧
第3章　道徳 第1　目　標 　道徳教育の目標は，第1章総則の第1の2に示すところにより，学校の教育活動全体を通じて，道徳的な心情，判断力，実践意欲と態度などの道徳性を養うこととする。 　道徳の時間においては，以上の道徳教育の目標に基づき，各教科，外国語活動，総合的な学習の時間及び特別活動における道徳教育と密接な関連を図りながら，計画的，発展的な指導によってこれを補充，深化，統合し，道徳的価値の自覚及び自己の生き方についての考えを深め，道徳的実践力を育成するものとする。 第2　内　容 　道徳の時間を要として学校の教育活動全体を通じて行う道徳教育の内容は，次のとおりとする。 〔第1学年及び第2学年〕 1　主として自分自身に関すること。 　(1) 健康や安全に気を付け，物や金銭を大切にし，身の回りを整え，わがままをしないで，規則正しい生活をする。 　(2) 自分がやらなければならない勉強や仕事は，しっかりと行う。 　(3) よいことと悪いことの区別をし，よいと思うことを進んで行う。 　(4) うそをついたりごまかしをしたりしないで，素直に伸び伸びと生活する。 2　主として他の人とのかかわりに関すること。 　(1) 気持ちのよいあいさつ，言葉遣い，動作などに心掛けて，明るく接する。 　(2) 幼い人や高齢者など身近にいる人に温	第3章　道徳 第1　目　標 　道徳教育の目標は，第1章総則の第1の2に示すところにより，学校の教育活動全体を通じて，道徳的な心情，判断力，実践意欲と態度などの道徳性を養うこととする。 　道徳の時間においては，以上の道徳教育の目標に基づき，各教科，特別活動及び総合的な学習の時間における道徳教育と密接な関連を図りながら，計画的，発展的な指導によってこれを補充，深化，統合し，道徳的価値の自覚を深め，道徳的実践力を育成するものとする。 第2　内　容 〔第1学年及び第2学年〕 1　主として自分自身に関すること。 　(1) 健康や安全に気を付け，物や金銭を大切にし，身の回りを整え，わがままをしないで，規則正しい生活をする。 　(2) 自分がやらなければならない勉強や仕事は，しっかりと行う。 　(3) よいことと悪いことの区別をし，よいと思うことを進んで行う。 　(4) うそをついたりごまかしをしたりしないで，素直に伸び伸びと生活する。 2　主として他の人とのかかわりに関すること。 　(1) 気持ちのよいあいさつ，言葉遣い，動作などに心掛けて，明るく接する。 　(2) 身近にいる幼い人や高齢者に温かい心

かい心で接し，親切にする。
(3) 友達と仲よくし，助け合う。
(4) 日ごろ世話になっている人々に感謝する。
3　主として自然や崇高なものとのかかわりに関すること。
(1) 生きることを喜び，生命を大切にする心をもつ。
(2) 身近な自然に親しみ，動植物に優しい心で接する。
(3) 美しいものに触れ，すがすがしい心をもつ。
4　主として集団や社会とのかかわりに関すること。
(1) 約束やきまりを守り，みんなが使う物を大切にする。
(2) 働くことのよさを感じて，みんなのために働く。
(3) 父母，祖父母を敬愛し，進んで家の手伝いなどをして，家族の役に立つ喜びを知る。
(4) 先生を敬愛し，学校の人々に親しんで，学級や学校の生活を楽しくする。
(5) 郷土の文化や生活に親しみ，愛着をもつ。

〔第3学年及び第4学年〕
1　主として自分自身に関すること。
(1) 自分でできることは自分でやり，よく考えて行動し，節度のある生活をする。
(2) 自分でやろうと決めたことは，粘り強くやり遂げる。
(3) 正しいと判断したことは，勇気をもって行う。
(4) 過ちは素直に改め，正直に明るい心で元気よく生活する。
(5) 自分の特徴に気付き，よい所を伸ばす。
2　主として他の人とのかかわりに関すること。

で接し，親切にする。
(3) 友達と仲よくし，助け合う。
(4) 日ごろ世話になっている人々に感謝する。
3　主として自然や崇高なものとのかかわりに関すること。
(1) 身近な自然に親しみ，動植物に優しい心で接する。
(2) 生きることを喜び，生命を大切にする心をもつ。
(3) 美しいものに触れ，すがすがしい心をもつ。
4　主として集団や社会とのかかわりに関すること。
(1) みんなが使う物を大切にし，約束やきまりを守る。
(2) 父母，祖父母を敬愛し，進んで家の手伝いなどをして，家族の役に立つ喜びを知る。
(3) 先生を敬愛し，学校の人々に親しんで，学級や学校の生活を楽しくする。
(4) 郷土の文化や生活に親しみ，愛着をもつ。

〔第3学年及び第4学年〕
1　主として自分自身に関すること。
(1) 自分でできることは自分でやり，節度のある生活をする。
(2) よく考えて行動し，過ちは素直に改める。
(3) 自分でやろうと決めたことは，粘り強くやり遂げる。
(4) 正しいと思うことは，勇気をもって行う。
(5) 正直に，明るい心で元気よく生活する。
2　主として他の人とのかかわりに関すること。

(1) 礼儀の大切さを知り，だれに対しても真心をもって接する。 (2) 相手のことを思いやり，進んで親切にする。 (3) 友達と互いに理解し，信頼し，助け合う。 (4) 生活を支えている人々や高齢者に，尊敬と感謝の気持ちをもって接する。 3　主として自然や崇高なものとのかかわりに関すること。 (1) 生命の尊さを感じ取り，生命あるものを大切にする。 (2) 自然のすばらしさや不思議さに感動し，自然や動植物を大切にする。 (3) 美しいものや気高いものに感動する心をもつ。 4　主として集団や社会とのかかわりに関すること。 (1) 約束や社会のきまりを守り，公徳心をもつ。 (2) 働くことの大切さを知り，進んでみんなのために働く。 (3) 父母，祖父母を敬愛し，家族みんなで協力し合って楽しい家庭をつくる。 (4) 先生や学校の人々を敬愛し，みんなで協力し合って楽しい学級をつくる。 (5) 郷土の伝統と文化を大切にし，郷土を愛する心をもつ。 (6) 我が国の伝統と文化に親しみ，国を愛する心をもつとともに，外国の人々や文化に関心をもつ。 〔第5学年及び第6学年〕 1　主として自分自身に関すること。 (1) 生活習慣の大切さを知り，自分の生活を見直し，節度を守り節制に心掛ける。 (2) より高い目標を立て，希望と勇気をもってくじけないで努力する。 (3) 自由を大切にし，自律的で責任のある	(1) 礼儀の大切さを知り，だれに対しても真心をもって接する。 (2) 相手のことを思いやり，親切にする。 (3) 友達と互いに理解し，信頼し，助け合う。 (4) 生活を支えている人々や高齢者に，尊敬と感謝の気持ちをもって接する。 3　主として自然や崇高なものとのかかわりに関すること。 (1) 自然のすばらしさや不思議さに感動し，自然や動植物を大切にする。 (2) 生命の尊さを感じ取り，生命あるものを大切にする。 (3) 美しいものや気高いものに感動する心をもつ。 4　主として集団や社会とのかかわりに関すること。 (1) 約束や社会のきまりを守り，公徳心をもつ。 (2) 働くことの大切さを知り，進んで働く。 (3) 父母，祖父母を敬愛し，家族みんなで協力し合って楽しい家庭をつくる。 (4) 先生や学校の人々を敬愛し，みんなで協力し合って楽しい学級をつくる。 (5) 郷土の文化と伝統を大切にし，郷土を愛する心をもつ。 (6) 我が国の文化と伝統に親しみ，国を愛する心をもつとともに，外国の人々や文化に関心をもつ。 〔第5学年及び第6学年〕 1　主として自分自身に関すること。 (1) 生活を振り返り，節度を守り節制に心掛ける。 (2) より高い目標を立て，希望と勇気をもってくじけないで努力する。 (3) 自由を大切にし，規律ある行動をする。

行動をする。
(4) 誠実に，明るい心で楽しく生活する。
(5) 真理を大切にし，進んで新しいものを求め，工夫して生活をよりよくする。
(6) 自分の特徴を知って，悪い所を改めよい所を積極的に伸ばす。

2 主として他の人とのかかわりに関すること。
(1) 時と場をわきまえて，礼儀正しく真心をもって接する。
(2) だれに対しても思いやりの心をもち，相手の立場に立って親切にする。
(3) 互いに信頼し，学び合って友情を深め，男女仲よく協力し助け合う。
(4) 謙虚な心をもち，広い心で自分と異なる意見や立場を大切にする。
(5) 日々の生活が人々の支え合いや助け合いで成り立っていることに感謝し，それにこたえる。

3 主として自然や崇高なものとのかかわりに関すること。
(1) 生命がかけがえのないものであることを知り，自他の生命を尊重する。
(2) 自然の偉大さを知り，自然環境を大切にする。
(3) 美しいものに感動する心や人間の力を超えたものに対する畏敬の念をもつ。

4 主として集団や社会とのかかわりに関すること。
(1) 公徳心をもって法やきまりを守り，自他の権利を大切にし進んで義務を果たす。
(2) だれに対しても差別をすることや偏見をもつことなく公正，公平にし，正義の実現に努める。
(3) 身近な集団に進んで参加し，自分の役割を自覚し，協力して主体的に責任を果たす。

(4) 誠実に，明るい心で楽しく生活する。
(5) 真理を大切にし，進んで新しいものを求め，工夫して生活をよりよくする。
(6) 自分の特徴を知って，悪い所を改めよい所を積極的に伸ばす。

2 主として他の人とのかかわりに関すること。
(1) 時と場をわきまえて，礼儀正しく真心をもって接する。
(2) だれに対しても思いやりの心をもち，相手の立場に立って親切にする。
(3) 互いに信頼し，学び合って友情を深め，男女仲よく協力し助け合う。
(4) 謙虚な心をもち，広い心で自分と異なる意見や立場を大切にする。
(5) 日々の生活が人々の支え合いや助け合いで成り立っていることに感謝し，それにこたえる。

3 主として自然や崇高なものとのかかわりに関すること。
(1) 自然の偉大さを知り，自然環境を大切にする。
(2) 生命がかけがえのないものであることを知り，自他の生命を尊重する。
(3) 美しいものに感動する心や人間の力を超えたものに対する畏敬の念をもつ。

4 主として集団や社会とのかかわりに関すること。
(1) 身近な集団に進んで参加し，自分の役割を自覚し，協力して主体的に責任を果たす。
(2) 公徳心をもって法やきまりを守り，自他の権利を大切にし進んで義務を果たす。
(3) だれに対しても差別をすることや偏見をもつことなく公正，公平にし，正義の実現に努める。

(4) 働くことの意義を理解し，社会に奉仕する喜びを知って公共のために役に立つことをする。	(4) 働くことの意義を理解し，社会に奉仕する喜びを知って公共のために役に立つことをする。
(5) 父母，祖父母を敬愛し，家族の幸せを求めて，進んで役に立つことをする。	(5) 父母，祖父母を敬愛し，家族の幸せを求めて，進んで役に立つことをする。
(6) 先生や学校の人々への敬愛を深め，みんなで協力し合いよりよい校風をつくる。	(6) 先生や学校の人々への敬愛を深め，みんなで協力し合いよりよい校風をつくる。
(7) 郷土や我が国の伝統と文化を大切にし，先人の努力を知り，郷土や国を愛する心をもつ。	(7) 郷土や我が国の文化と伝統を大切にし，先人の努力を知り，郷土や国を愛する心をもつ。
(8) 外国の人々や文化を大切にする心をもち，日本人としての自覚をもって世界の人々と親善に努める。	(8) 外国の人々や文化を大切にする心をもち，日本人としての自覚をもって世界の人々と親善に努める。
第3 指導計画の作成と内容の取扱い	第3 指導計画の作成と各学年にわたる内容の取扱い
1 各学校においては，校長の方針の下に，道徳教育の推進を主に担当する教師（以下「道徳教育推進教師」という。）を中心に，全教師が協力して道徳教育を展開するため，次に示すところにより，道徳教育の全体計画と道徳の時間の年間指導計画を作成するものとする。	1 各学校においては，校長をはじめ全教師が協力して道徳教育を展開するため，次に示すところにより，道徳教育の全体計画と道徳の時間の年間指導計画を作成するものとする。
(1) 道徳教育の全体計画の作成に当たっては，学校における全教育活動との関連の下に，児童，学校及び地域の実態を考慮して，学校の道徳教育の重点目標を設定するとともに，第2に示す道徳の内容との関連を踏まえた各教科，外国語活動，総合的な学習の時間及び特別活動における指導の内容及び時期並びに家庭や地域社会との連携の方法を示す必要があること。	(1) 道徳教育の全体計画の作成に当たっては，学校における全教育活動との関連の下に，児童，学校及び地域の実態を考慮して，学校の道徳教育の重点目標を設定するとともに，第2に示す道徳の内容と各教科，特別活動及び総合的な学習の時間における指導との関連並びに家庭や地域社会との連携の方法を示す必要があること。
(2) 道徳の時間の年間指導計画の作成に当たっては，道徳教育の全体計画に基づき，各教科，外国語活動，総合的な学習の時間及び特別活動との関連を考慮	(2) 道徳の時間の年間指導計画の作成に当たっては，道徳教育の全体計画に基づき，各教科，特別活動及び総合的な学習の時間との関連を考慮しながら，計

しながら，計画的，発展的に授業がなされるよう工夫すること。その際，第2に示す各学年段階ごとの内容項目について，児童や学校の実態に応じ，2学年間を見通した重点的な指導や内容項目間の関連を密にした指導を行うよう工夫すること。ただし，第2に示す各学年段階ごとの内容項目は相当する各学年においてすべて取り上げること。なお，特に必要な場合には，他の学年段階の内容項目を加えることができること。
(3) 各学校においては，各学年を通じて自立心や自律性，自他の生命を尊重する心を育てることに配慮するとともに，児童の発達の段階や特性等を踏まえ，指導内容の重点化を図ること。特に低学年ではあいさつなどの基本的な生活習慣，社会生活上のきまりを身に付け，善悪を判断し，人間としてしてはならないことをしないこと，中学年では集団や社会のきまりを守り，身近な人々と協力し助け合う態度を身に付けること，高学年では法やきまりの意義を理解すること，相手の立場を理解し，支え合う態度を身に付けること，集団における役割と責任を果たすこと，国家・社会の一員としての自覚をもつことなどに配慮し，児童や学校の実態に応じた指導を行うよう工夫すること。また，高学年においては，悩みや葛藤等の心の揺れ，人間関係の理解等の課題を積極的に取り上げ，自己の生き方についての考えを一層深められるよう指導を工夫すること。
2　第2に示す道徳の内容は，児童が自ら道徳性をはぐくむためのものであり，道徳の時間はもとより，各教科，外国語活動，総合的な学習の時間及び特別活動においても

画的・発展的に授業がなされるよう工夫すること。その際，各学年段階の内容項目について，児童や学校の実態に応じ，2学年間を見通した重点的な指導や内容項目間の関連を密にした指導を行うよう工夫すること。なお，特に必要な場合には，他の学年段階の内容項目を加えることができること。

(3) 各学校においては，特に低学年では基本的な生活習慣や善悪の判断，社会生活上のルールを身に付けること，中学年では自主性，協力し助け合う態度を育てること，高学年では自立心，国家・社会の一員としての自覚を育てることなどに配慮し，児童や学校の実態に応じた指導を行うよう工夫すること。また，高学年においては，悩みや心の揺れ，葛藤等の課題を積極的に取り上げ，考えを深められるよう指導を工夫すること。

2　第2の内容は，児童が自ら道徳性をはぐくむためのものであり，道徳の時間はもとより，各教科，特別活動及び総合的な学習の時間においてもそれぞれの特質に応じた

それぞれの特質に応じた適切な指導を行うものとする。その際，児童自らが成長を実感でき，これからの課題や目標が見付けられるよう工夫する必要がある。	適切な指導を行うものとする。その際，児童自らが成長を実感でき，これからの課題や目標が見付けられるよう工夫する必要がある。
3　道徳の時間における指導に当たっては，次の事項に配慮するものとする。	3　道徳の時間における指導に当たっては，次の事項に配慮するものとする。
(1) 校長や教頭などの参加，他の教師との協力的な指導などについて工夫し，道徳教育推進教師を中心とした指導体制を充実すること。	(1) 校長や教頭の参加，他の教師との協力的な指導などについて工夫し指導体制を充実すること。
(2) 集団宿泊活動やボランティア活動，自然体験活動などの体験活動を生かすなど，児童の発達の段階や特性等を考慮した創意工夫ある指導を行うこと。	(2) ボランティア活動や自然体験活動などの体験活動を生かすなど多様な指導の工夫，魅力的な教材の開発や活用などを通して、児童の発達段階や特性を考慮した創意工夫ある指導を行うこと。
(3) 先人の伝記，自然，伝統と文化，スポーツなどを題材とし，児童が感動を覚えるような魅力的な教材の開発や活用を通して，児童の発達の段階や特性等を考慮した創意工夫ある指導を行うこと。	
(4) 自分の考えを基に，書いたり話し合ったりするなどの表現する機会を充実し，自分とは異なる考えに接する中で，自分の考えを深め，自らの成長を実感できるよう工夫すること。	
(5) 児童の発達の段階や特性等を考慮し，第2に示す道徳の内容との関連を踏まえ，情報モラルに関する指導に留意すること。	
4　道徳教育を進めるに当たっては，学校や学級内の人間関係や環境を整えるとともに，学校の道徳教育の指導内容が児童の日常生活に生かされるようにする必要がある。また，道徳の時間の授業を公開したり，授業の実施や地域教材の開発や活用などに，保護者や地域の人々の積極的な参加や協力を得たりするなど，家庭や地域社会との共通理解を深め，相互の連携を図るよ	4　道徳教育を進めるに当たっては，学校や学級内の人間関係や環境を整えるとともに，学校の道徳教育の指導内容が児童の日常生活に生かされるようにする必要がある。また，家庭や地域社会との共通理解を深め，授業の実施や地域教材の開発や活用などに，保護者や地域の人々の積極的な参加や協力を得るなど相互の連携を図るよう配慮する必要がある。

う配慮する必要がある。 5　児童の道徳性については，常にその実態を把握して指導に生かすよう努める必要がある。ただし，道徳の時間に関して数値などによる評価は行わないものとする。	5　児童の道徳性については，常にその実態を把握して指導に生かすよう努める必要がある。ただし，道徳の時間に関して数値などによる評価は行わないものとする。

資料2　　　　　　　中学校学習指導要領 道徳 新旧対照表

改訂	旧
第3章　道徳 第1　目　標 　道徳教育の目標は，第1章総則の第1の2に示すところにより，学校の教育活動全体を通じて，道徳的な心情，判断力，実践意欲と態度などの道徳性を養うこととする。 　道徳の時間においては，以上の道徳教育の目標に基づき，各教科，総合的な学習の時間及び特別活動における道徳教育と密接な関連を図りながら，計画的，発展的な指導によってこれを補充，深化，統合し，道徳的価値及びそれに基づいた人間としての生き方についての自覚を深め，道徳的実践力を育成するものとする。 第2　内　容 　道徳の時間を要として学校の教育活動全体を通じて行う道徳教育の内容は，次のとおりとする。 1　主として自分自身に関すること。 　(1) 望ましい生活習慣を身に付け，心身の健康の増進を図り，節度を守り節制に心掛け調和のある生活をする。 　(2) より高い目標を目指し，希望と勇気をもって着実にやり抜く強い意志をもつ。 　(3) 自律の精神を重んじ，自主的に考え，誠実に実行してその結果に責任をもつ。 　(4) 真理を愛し，真実を求め，理想の実現を目指して自己の人生を切り拓いていく。 　(5) 自己を見つめ，自己の向上を図るとともに，個性を伸ばして充実した生き方を追求する。 2　主として他の人とのかかわりに関するこ	第3章　道徳 第1　目　標 　道徳教育の目標は，第1章総則の第1の2に示すところにより，学校の教育活動全体を通じて，道徳的な心情，判断力，実践意欲と態度などの道徳性を養うこととする。 　道徳の時間においては，以上の道徳教育の目標に基づき，各教科，特別活動及び総合的な学習の時間における道徳教育と密接な関連を図りながら，計画的，発展的な指導によってこれを補充，深化，統合し，道徳的価値及び人間としての生き方についての自覚を深め，道徳的実践力を育成するものとする。 第2　内　容 1　主として自分自身に関すること。 　(1) 望ましい生活習慣を身に付け，心身の健康の増進を図り，節度を守り節制に心掛け調和のある生活をする。 　(2) より高い目標を目指し，希望と勇気をもって着実にやり抜く強い意志をもつ。 　(3) 自律の精神を重んじ，自主的に考え，誠実に実行してその結果に責任をもつ。 　(4) 真理を愛し，真実を求め，理想の実現を目指して自己の人生を切り拓いていく。 　(5) 自己を見つめ，自己の向上を図るとともに，個性を伸ばして充実した生き方を追求する。 2　主として他の人とのかかわりに関するこ

と。
(1) 礼儀の意義を理解し，時と場に応じた適切な言動をとる。
(2) 温かい人間愛の精神を深め，他の人々に対し思いやりの心をもつ。
(3) 友情の尊さを理解して心から信頼できる友達をもち，互いに励まし合い，高め合う。
(4) 男女は，互いに異性についての正しい理解を深め，相手の人格を尊重する。
(5) それぞれの個性や立場を尊重し，いろいろなものの見方や考え方があることを理解して，寛容の心をもち謙虚に他に学ぶ。
(6) 多くの人々の善意や支えにより，日々の生活や現在の自分があることに感謝し，それにこたえる。

3　主として自然や崇高なものとのかかわりに関すること。
(1) 生命の尊さを理解し，かけがえのない自他の生命を尊重する。
(2) 自然を愛護し，美しいものに感動する豊かな心をもち，人間の力を超えたものに対する畏敬の念を深める。
(3) 人間には弱さや醜さを克服する強さや気高さがあることを信じて，人間として生きることに喜びを見いだすように努める。

4　主として集団や社会とのかかわりに関すること。
(1) 法やきまりの意義を理解し，遵守するとともに，自他の権利を重んじ義務を確実に果たして，社会の秩序と規律を高めるように努める。
(2) 公徳心及び社会連帯の自覚を高め，よりよい社会の実現に努める。

　　と。
(1) 礼儀の意義を理解し，時と場に応じた適切な言動をとる。
(2) 温かい人間愛の精神を深め，他の人々に対し感謝と思いやりの心をもつ。
(3) 友情の尊さを理解して心から信頼できる友達をもち，互いに励まし合い，高め合う。
(4) 男女は，互いに異性についての正しい理解を深め，相手の人格を尊重する。
(5) それぞれの個性や立場を尊重し，いろいろなものの見方や考え方があることを理解して，謙虚に他に学ぶ広い心をもつ。

3　主として自然や崇高なものとのかかわりに関すること。
(1) 自然を愛護し，美しいものに感動する豊かな心をもち，人間の力を超えたものに対する畏敬の念を深める。
(2) 生命の尊さを理解し，かけがえのない自他の生命を尊重する。
(3) 人間には弱さや醜さを克服する強さや気高さがあることを信じて，人間として生きることに喜びを見いだすように努める。

4　主として集団や社会とのかかわりに関すること。
(1) 自己が属する様々な集団の意義についての理解を深め，役割と責任を自覚し集団生活の向上に努める。
(2) 法やきまりの意義を理解し，遵守するとともに，自他の権利を重んじ義務を確実に果たして，社会の秩序と規律を

(3) 正義を重んじ，だれに対しても公正，公平にし，差別や偏見のない社会の実現に努める。	高めるように努める。
(4) 自己が属する様々な集団の意義についての理解を深め，役割と責任を自覚し集団生活の向上に努める。	(3) 公徳心及び社会連帯の自覚を高め，よりよい社会の実現に努める。
(5) 勤労の尊さや意義を理解し，奉仕の精神をもって，公共の福祉と社会の発展に努める。	(4) 正義を重んじ，だれに対しても公正，公平にし，差別や偏見のない社会の実現に努める。
(6) 父母，祖父母に敬愛の念を深め，家族の一員としての自覚をもって充実した家庭生活を築く。	(5) 勤労の尊さや意義を理解し，奉仕の精神をもって，公共の福祉と社会の発展に努める。
(7) 学級や学校の一員としての自覚をもち，教師や学校の人々に敬愛の念を深め，協力してよりよい校風を樹立する。	(6) 父母，祖父母に敬愛の念を深め，家族の一員としての自覚をもって充実した家庭生活を築く。
(8) 地域社会の一員としての自覚をもって郷土を愛し，社会に尽くした先人や高齢者に尊敬と感謝の念を深め，郷土の発展に努める。	(7) 学級や学校の一員としての自覚をもち，教師や学校の人々に敬愛の念を深め，協力してよりよい校風を樹立する。
(9) 日本人としての自覚をもって国を愛し，国家の発展に努めるとともに，優れた伝統の継承と新しい文化の創造に貢献する。	(8) 地域社会の一員としての自覚をもって郷土を愛し，社会に尽くした先人や高齢者に尊敬と感謝の念を深め，郷土の発展に努める。
(10) 世界の中の日本人としての自覚をもち，国際的視野に立って，世界の平和と人類の幸福に貢献する。	(9) 日本人としての自覚をもって国を愛し，国家の発展に努めるとともに，優れた伝統の継承と新しい文化の創造に貢献する。
	(10) 世界の中の日本人としての自覚をもち，国際的視野に立って，世界の平和と人類の幸福に貢献する。
第3 指導計画の作成と内容の取扱い	第3 指導計画の作成と内容の取扱い
1 各学校においては，校長の方針の下に，道徳教育の推進を主に担当する教師（以下「道徳教育推進教師」という。）を中心に，全教師が協力して道徳教育を展開するため，次に示すところにより，道徳教育の全体計画と道徳の時間の年間指導計画を作成するものとする。	1 各学校においては，校長をはじめ全教師が協力して道徳教育を展開するため，次に示すところにより，道徳教育の全体計画と道徳の時間の年間指導計画を作成するものとする。
(1) 道徳教育の全体計画の作成に当たっては，学校における全教育活動との関連	(1) 道徳教育の全体計画の作成に当たっては，学校における全教育活動との関連

の下に，生徒，学校及び地域の実態を考慮して，学校の道徳教育の重点目標を設定するとともに，第2に示す道徳の内容との関連を踏まえた各教科，総合的な学習の時間及び特別活動における指導の内容及び時期並びに家庭や地域社会との連携の方法を示す必要があること。
(2) 道徳の時間の年間指導計画の作成に当たっては，道徳教育の全体計画に基づき，各教科，総合的な学習の時間及び特別活動との関連を考慮しながら，計画的，発展的に授業がなされるよう工夫すること。その際，第2に示す各内容項目の指導の充実を図る中で，生徒や学校の実態に応じ，3学年間を見通した重点的な指導や内容項目間の関連を密にした指導を行うよう工夫すること。ただし，第2に示す内容項目はいずれの学年においてもすべて取り上げること。
(3) 各学校においては，生徒の発達の段階や特性等を踏まえ，指導内容の重点化を図ること。特に，自他の生命を尊重し，規律ある生活ができ，自分の将来を考え，法やきまりの意義の理解を深め，主体的に社会の形成に参画し，国際社会に生きる日本人としての自覚を身に付けるようにすることなどに配慮し，生徒や学校の実態に応じた指導を行うよう工夫すること。また，悩みや葛藤等の思春期の心の揺れ，人間関係の理解等の課題を積極的に取り上げ，道徳的価値に基づいた人間としての生き方について考えを深められるよう配慮すること。
2　第2に示す道徳の内容は，生徒が自ら道徳性をはぐくむためのものであり，道徳の

の下に，生徒，学校及び地域の実態を考慮して，学校の道徳教育の重点目標を設定するとともに，第2に示す道徳の内容と各教科，特別活動及び総合的な学習の時間における指導との関連並びに家庭や地域社会との連携の方法を示す必要があること。
(2) 道徳の時間の年間指導計画の作成に当たっては，道徳教育の全体計画に基づき，各教科，特別活動及び総合的な学習の時間との関連を考慮しながら，計画的・発展的に授業がなされるよう工夫すること。その際，各内容項目の指導の充実を図る中で，生徒や学校の実態に応じ，3学年間を見通した重点的な指導や内容項目間の関連を密にした指導を行うよう工夫すること。

(3) 各学校においては，特に，規律ある生活ができ，自分の将来を考え，国際社会に生きる日本人としての自覚が身に付くようにすることなどに配慮し，生徒や学校の実態に応じた指導を行うよう工夫すること。また，悩みや心の揺れ，葛藤等の課題を積極的に取り上げ，人間としての生き方について考えを深められるよう配慮すること。

2　第2の内容は，生徒が自ら道徳性をはぐくむためのものであり，道徳の時間はもと

時間はもとより，各教科，総合的な学習の時間及び特別活動においてもそれぞれの特質に応じた適切な指導を行うものとする。その際，生徒自らが成長を実感でき，これからの課題や目標が見付けられるよう工夫する必要がある。
3 道徳の時間における指導に当たっては，次の事項に配慮するものとする。
 (1) 学級担任の教師が行うことを原則とするが，校長や教頭などの参加，他の教師との協力的な指導などについて工夫し，道徳教育推進教師を中心とした指導体制を充実すること。
 (2) 職場体験活動やボランティア活動，自然体験活動などの体験活動を生かすなど，生徒の発達の段階や特性等を考慮した創意工夫ある指導を行うこと。
 (3) 先人の伝記，自然，伝統と文化，スポーツなどを題材とし，生徒が感動を覚えるような魅力的な教材の開発や活用を通して，生徒の発達の段階や特性等を考慮した創意工夫ある指導を行うこと。
 (4) 自分の考えを基に，書いたり討論したりするなどの表現する機会を充実し，自分とは異なる考えに接する中で，自分の考えを深め，自らの成長を実感できるよう工夫すること。
 (5) 生徒の発達の段階や特性等を考慮し，第2に示す道徳の内容との関連を踏まえて，情報モラルに関する指導に留意すること。
4 道徳教育を進めるに当たっては，学校や学級内の人間関係や環境を整えるとともに，学校の道徳教育の指導内容が生徒の日常生活に生かされるようにする必要がある。また，道徳の時間の授業を公開したり，授業の実施や地域教材の開発や活用

より，各教科，特別活動及び総合的な学習の時間においてもそれぞれの特質に応じた適切な指導を行うものとする。その際，生徒自らが成長を実感でき，これからの課題や目標が見付けられるよう工夫する必要がある。
3 道徳の時間における指導に当たっては，次の事項に配慮するものとする。
 (1) 学級担任の教師が行うことを原則とするが，校長や教頭の参加，他の教師との協力的な指導などについて工夫し指導体制を充実すること。

 (2) ボランティア活動や自然体験活動などの体験活動を生かすなど多様な指導の工夫，魅力的な教材の開発や活用などを通して，生徒の発達段階や特性等を考慮した創意工夫ある指導を行うこと。

4 道徳教育を進めるに当たっては，学校や学級内の人間関係や環境を整えるとともに，学校の道徳教育の指導内容が生徒の日常生活に生かされるようにする必要がある。また，家庭や地域社会との共通理解を深め，授業の実施や地域教材の開発や活用

どに，保護者や地域の人々の積極的な参加や協力を得たりするなど，家庭や地域社会との共通理解を深め，相互の連携を図るよう配慮する必要がある。 5　生徒の道徳性については，常にその実態を把握して指導に生かすよう努める必要がある。ただし，道徳の時間に関して数値などによる評価は行わないものとする。	などに，保護者や地域の人々の積極的な参加や協力を得るなど相互の連携を図るよう配慮する必要がある。 5　生徒の道徳性については，常にその実態を把握して指導に生かすよう努める必要がある。ただし，道徳の時間に関して数値などによる評価は行わないものとする。

資料3

小学校第1学年 道徳学習指導案

指導者　○○　○○　印

1. 日時　　　平成○年○月○日（○曜日）第○校時（○：○～○：○）
2. 学年・組　第1学年　○組　計○名
3. 場所　　　第1学年　○組　教室
4. 主題名　　感謝の気持ちと美しい心
   内容項目　3-(3)　美しいものに触れ、すがすがしい心をもつ。
   資料名　　「だいごのみんわ　お田うえじぞう」
   　　　　　京都市道徳指導資料集『ゆめいっぱい』〈第2集〉
5. 主題におけるねらい（目標）
   　登場人物の心の動き、とりわけ地蔵に対する感謝の念を理解し、誰かに何かをしてもらったらまずは感謝をするという心情を高める。
6. 主題設定の理由
   (1) ねらいとする価値について（価値観）
   　学習指導要領でも明記されているように、科学が万能であるかのような錯覚を生みかねない今日の社会において、科学の発展を期待し、理性の力を信じる一方で、人間の説明をこえた美への感動や崇高なものに対する尊敬や畏敬の念を抱き、人間としてのあり方を見つめ直すことが求められている。本時で取り上げるお田植え地蔵は子どもたちの住む京都市にあり、地蔵自体も子どもたちの身近でよく目にすることのあるものである。民話についても、子どもたちは国語で「おむすびころりん」や外国の民話である「おおきなかぶ」を学習しており、抵抗はないだろう。また、地蔵も昔話も子どもたちの住む地域と関係のあるものなので、子どもたちも関心を抱きやすく親しみやすいだろう。本時の学習を通して、日々誠実に生活する人たちの心のよりどころとなるような人間のなかにある美しい気持ちである感謝の心に触れ、すがすがしい気持ちに共感する姿勢を育みたい。
   (2) 子どもの実態（子ども観）
   　本学級には、読書をする子どもが多い。朝学習の少し空いた時間や、中間休み、給食の前の待ち時間や昼休みに読書をしている子どもを多く見ることができる。教室の本棚には昔話や民話などの本が豊富にそろっている。したがって、昔話を授業で扱っても抵抗はないだろう。
   　一般的に、家庭における子どもの徳育にかかわる課題として、都市化や地域における地縁的つながりの希薄化、価値基準の流動化などにより、保護者が自信をもって子育てに取り組めなくなっている状況がある。さらに小学校低学年の時期においては、こうした家庭における子育て不安の問題や、子どもどうしの交流活動や自然体験の減少などから、子どもが社会性を十分身につけることができないまま小学校に入学することにより、精神的にも不安定さをもち、周りの子どもとの人間関係をうまく構築できず集団生活になじめない場合もある。そのような状況のなかで、本学級の子どもには自分のいいたいことを相手に伝えようとする

積極的な姿勢が多く見られ、集団生活においてもだいぶん慣れてきて落ち着きはじめている。しかし、相手へ配慮をしたり、感謝の気持ちを伝える言葉を聞くことは多くはない。感謝の気持ちを感じることはあってもそれを表に出すことがなかなかできないようである。そのため、感謝の気持ちを抱くという人間の美しい心に気づくための授業が必要である。

(3) 資料について（資料観）

本資料は、京都市の醍醐地域に伝わる民話である「お田うえじぞう」を資料化したものである。地域で、昔から伝えられてきた伝説や民話は、昔の人々の生活や考え方を知る重要な手掛かりになる。それにまつわる文化財も各地域に少なからず存在しており、子どもにとっては身近なものとしてすんなりと受け止められるものとなっている。この「お田うえじぞう」は本学級の子どもの興味を引くにはちょうど良いと考えられる。

本資料の内容は、一人で田植えをしなければならなくなったゆきが困っているところをお地蔵さまが見て、田植えをする話である。お地蔵さまが田植えをしてくれたことに気がついたゆきは手を合わせて感謝し、村人にそのことを伝え、その後、村人が「お田うえじぞう」を祀るようになり、それを代々大切にしていくという話である。

子どもには、誰かに何かをしてもらったことに気がつくことと、気がついたらゆきのようにありがとうと感謝するのだということを学ばせたい。そのためには、「ありがとう」という言葉はどういう場面で使うのかを思い返し、感謝の気持ちを抱いたら「ありがとう」という言葉が自然に出てくることをめざしたい。

7. 指導計画（全1時間）

　第一次　　資料を読んでゆきの気持ちを考える……時間（本時1／1）

8. 本時の学習

① 本時のねらい（目標）

　誰かに助けてもらった時に感謝の念を抱き、「ありがとう」といえる心情を高める。
　・ゆきの誠実な生き方に共感できたか。
　・ゆきのお地蔵さまへの感謝の気持ちを読み取れたか。

② 本時の展開　　　　　　　　　　　　　　　　　　　　　　　　○主なる指示・発問

区分	学習活動と内容 （予想される子どもの反応）	指導上の留意点・支援・評価 （教師の活動）	準備物・資料等
導入 5分	「だいご」はどこだろう 1.「お田うえじぞう」の伝説のある場所を伝える。 ・日本における京都の位置や京都市の位置を確認する。	○この民話がどこでできたのかを考えることで興味を抱かせ、物語に引きつける。 ・自分の住んでいる京都がどこにあるのかを確認する。 ・場所を知ることで自分の身近な民話だということに気づかせる。	パワーポイント

	2. 資料「お田うえじぞう」を聞いてどんな話だったのかを思い返す。 ・お地蔵さまがゆきを助けてあげるお話。 ・ゆきが一人で田植えをしようとするお話 ・お地蔵さまが人助けするお話。	・資料の「お田うえじぞう」の場所を探させる。 ・資料を読み聞かせる。 ○「お田うえじぞうはどんなお話でしたか。」	資　料
展開前段 20分	ゆきの気持ちを考えてみよう。		
	・早くしよう。 ・誰か助けてくれないかなあ。 ・困ったなあ。	○「田植えをする前、ゆきは何をいっていましたか。また、お地蔵さまには何といっていますか。」 ・文章がきちんと読めているか確認する。 ・ゆきのセリフからゆきの気持ちを考えることで自分も困った時にどんなことを思うかを一緒に考える。	
	・お地蔵さまのおかげで田植えが終わりました。 ・おかげで苗が枯れないうちにできました。	○「田植えの後、ゆきはお地蔵さまに何といっていますか。」 ・お地蔵さまに感謝している様子に注目させる。 ○「ゆきがお地蔵さまに何か声をかけるとしたら何と声をかけるでしょう」 ・人に何かをしてもらった時には「ありがとう」ということに気づかせる。 ・「おじぎをして、手を合わせる」はどういう時にするかを考えさせる。	
展開後段 15分	3. 感謝の気持ちに気づく	・ここで、人々がお地蔵さまに感謝の気持ちを抱いて大切にしてきたことから民話ができたことを説明する。 ◎「みんなはどういう時に『ありがとう』という言葉を使いますか。」	

展開後段 15分	・感謝をした時です。 ・探し物を一緒に探してくれた。 ・電車で席をゆずった。 ・道案内した。	・何をしてもらって感謝したのかを考えさせる。 ・具体的な場面を想像させる。 ○「誰かに『ありがとう』をいわれたことはありますか。」 ・具体的な場面を想像させる。	
まとめ 5分	4. まとめ 　教師の話を聞く。 ・授業の終了のあいさつ	・お地蔵さまにお礼をする時、どういう気持ちを込めるのかを考える。 ・地域のお地蔵さまは何かを守ってくれているかもしれないので、またよく見てみるように勧める。 ・授業の終了のあいさつ	

③評価（の観点と方法）
　・ゆきの感謝の気持ちに気づけたか。
　・ゆきの誠実な生き方に共感できたか。

④板書計画

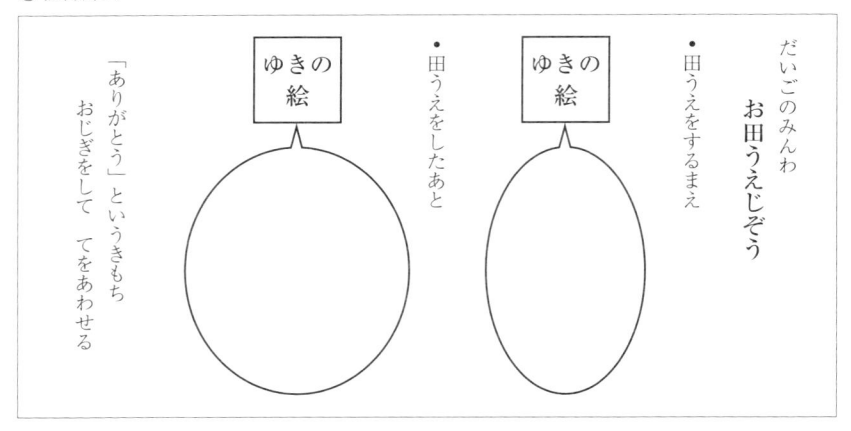

```
                                            だ
                                            い
          [ゆきの絵]           [ゆきの絵]     ご
「              ・             ・            の
あ              田             田            み
り              う             う            ん
が              え             え            わ
と              を             を
う              し             す            お
」              た             る            田
と              あ             ま            う
い              と             え            え
う                                           じ
き                                           ぞ
も                                           う
ち
お
じ
ぎ
を
し
て
て
を
あ
わ
せ
る
```

⑤準備物
　　教　師：資料「だいごのみんわ　お田うえじぞう」
　　子ども：なし

[注] これは、学校や地域ごとに異なる道徳の時間の学習指導案の一つの例です。

Horitsu Bunka Sha

道徳教育を考える
──多様な声に応答するために

2012年10月10日　初版第1刷発行

編　者	岡部美香・谷村千絵
発行者	田靡純子
発行所	株式会社 法律文化社

〒603-8053
京都市北区上賀茂岩ヶ垣内町71
電話 075(791)7131　FAX 075(721)8400
http://www.hou-bun.com/

＊乱丁など不良本がありましたら、ご連絡ください。
　お取り替えいたします。

印刷：中村印刷㈱／製本：㈱藤沢製本
装幀：白沢　正

ISBN 978-4-589-03455-7

Ⓒ2012　M. Okabe, C. Tanimura Printed in Japan

JCOPY　〈(社)出版者著作権管理機構　委託出版物〉

本書の無断複写は著作権法上での例外を除き禁じられています。複写される場合は、そのつど事前に、(社)出版者著作権管理機構(電話 03-3513-6969、FAX 03-3513-6979、e-mail: info@jcopy.or.jp)の許諾を得てください。

井上有一・今村光章編
環境教育学
―社会的公正と存在の豊かさを求めて―
A5判・212頁・2835円

既存の〈環境教育〉の限界と課題を根源的に問い直すなかで、真に求められている環境教育学には、「社会的公正」と「存在の豊かさ」という視座と社会変革志向が包含していることを提示する。持続可能な社会への役割は大きい。

竹内久顕編著
平和教育を問い直す
―次世代への批判的継承―
A5判・242頁・2520円

暴力化する現実世界と平和問題の射程が広がるにつれ、平和教育は時代と乖離し、存在意義が問われている。戦後の平和教育の蓄積を批判的・発展的に継承し、新たな理論と実践の創造的な再生を試みる。

髙作正博編
私たちがつくる社会
―おとなになるための法教育―
A5判・232頁・2520円

法という視点をとおして、だれもが〈市民〉となるために必要な知識と方法を学び、実践するための力を涵養する。おとなになる過程のなかで、自分たちが社会をつくるという考え方を育む。日本社会のいまがわかる入門書。

今西幸蔵著
生涯学習論入門
A5判・202頁・2625円

21世紀の教育の基本原理である生涯学習の意義からその社会の進展、支援の方法まで全体像を鳥瞰し、平易に解説。教育をめぐる最新の理論や概念をとりいれ、未来の教育を見通す。資料として関連法規も付した。

伊藤一雄・佐藤史人・堀内達夫編著
キャリア開発と職業指導
―大学・高校のキャリア教育支援―
A5判・178頁・2100円

有効求人倍率の減少、非正規雇用の増大など厳しい雇用状況がつづくなか、キャリア教育をどのように行うのかが課題になっている。大学・高校を中心に現場の実践例を具体的に考察。欧米諸国の先行例にも言及する。

――法律文化社――

表示価格は定価(税込価格)です